全国中考语文现代文阅读

"热点作家"
经典作品精选集

试卷上的作家

张国龙 / 主编

一里路需要走多久

张国龙 / 著

延伸阅读　备战中考

适合考生进行语文阅读的散文集
走进语文之美，领略阅读精髓

初中版

丰富的阅读素材

从童年往事到世间百态
从青葱校园到异域风光
开阔视野，看见世界，提升写作能力和人文素养

中国出版集团有限公司

世界图书出版公司
WPC

上海　西安　北京　广州

图书在版编目（CIP）数据

一里路需要走多久 / 张国龙著. — 上海：上海世界图书出版公司, 2023.10
（试卷上的作家 / 张国龙主编）
ISBN 978-7-5232-0393-4

Ⅰ.①—… Ⅱ.①张… Ⅲ.①阅读课—中学—教学参考资料 Ⅳ.①G634.333

中国国家版本馆CIP数据核字（2023）第079369号

书　　名	一里路需要走多久	
	Yi Li Lu Xuyao Zou Duojiu	
著　　者	张国龙	
责任编辑	石佳达	
出版发行	上海世界图书出版公司	
地　　址	上海市广中路 88 号 9-10 楼	
邮　　编	200083	
网　　址	http://www.wpcsh.com	
经　　销	新华书店	
印　　刷	三河市兴博印务有限公司	
开　　本	700mm×1000mm　1/16	
印　　张	14	
字　　数	152 千字	
版　　次	2023 年 10 月第 1 版　　2023 年 10 月第 1 次印刷	
书　　号	ISBN 978-7-5232-0393-4/G・813	
定　　价	39.80 元	

总　序

情感和思想的写真

张国龙

　　和小说、诗歌等相比，散文与大众更为亲近。大多数人一生中或多或少会运用到散文，诸如，写作文、写信、写留言条等。和小说相比，散文大多篇幅不长，不需占用太多的读写时间；和诗歌相比，散文更为通俗易懂。一句话，散文具有草根性和平民性气质。

　　在中小学语文课本中，散文篇目体量最大。换句话说，散文是中小学语文教学不可或缺的资源。中学生所学的语文课文大多是散文；小学生初学写作文，散文便是最早的试验田。从某种意义上说，中小学作文教学就是散文教学，主要涉及记叙性散文、抒情性散文和议论性散文等。在中考、高考等各类考试中，作文的写作离不开这三类散文，甚至明确规定不可以写成诗歌。可见，散文这一文体在阅读和写作中占据了举足轻重的地位。

　　然而，散文作为一种"回忆性"文体，作者需要丰富的生活经历和厚重的人生体验。散文佳作，自然离不开情感的真挚性和思想的震撼性。因此，书写少年儿童生活和展现少年儿童心灵世界的散文，无外乎两类：一是成年作家回望童年和少年时光；二是少年儿童书写成长中的自己。这两类散文可统称为"少年儿童本位散文"。显而易见，前者数量更大，作品质量更高。事实上，还有相当一部分散文作品，虽然并非以少年儿童为本位，却能被少年儿童理解、接受，能够滋养少年儿童的心灵。

这套丛书遴选了众多散文名家，每人一部作品集。这些作家作品可以分作两类。一类是主要从事儿童文学创作的作家，基于少年儿童本位创作的散文。比如吴然的《白水台看云》、安武林的《安徒生的孤独》、林彦的《星星还在北方》、张国龙的《一里路需要走多久》。另一类是主要创作成人文学的作家，虽不是专为少年儿童创作，却能被少年儿童接受的散文。比如，刘心武的《起点之美》、韩小蕙的《目标始终如一》、刘庆邦的《端灯》、曹旭的《有温度的生活》、王兆胜的《阳光心房》、杨海蒂的《杂花生树》、乔叶的《鲜花课》、林夕的《从身边最近的地方寻找快乐》、辛茜的《鸟儿细语》、张丽钧的《心壤之上，万亩花开》、安宁的《一只蚂蚁爬过春天》、朱鸿的《高考作文的命题与散文写作》、梅洁的《楼兰的忧郁》、裘山山的《相亲相爱的水》、叶倾城的《用三十年等我自己长大》、简默的《指尖花田》、尹传红的《由雪引发的科学实验》。一方面，这些作家的作品皆适合少年儿童阅读；另一方面，这些作家的某些篇章曾出现在中小学生的语文试卷上。因此，可以称呼他们为"试卷上的作家"。

通观上述作家的散文集，无论是否以少年儿童为本位，都着力观照内心世界，抒发主体情思，崇尚真实、自由、率性的表达。

这些散文集涉及的题材多种多样，大致可分为如下三类。

其一，日常生活类。"叙事型"和"写景状物型"散文即是。铺写"我"童年、少年生活中真实的人、事、情、景。以记叙为主，抒情与议论点染其间。比如，刘庆邦的《十五岁的少年向往百草园》

以温润的笔触，描摹了"我"在15岁那年拜谒鲁迅故居的点点滴滴，展现了一个乡村少年对大文豪鲁迅先生的渴慕与敬仰。安武林的《黑豆里的母亲》用简约的文字，勾勒出母亲一生的困苦、卑微和坚忍，字里行间点染着悲悯与痛惜。

其二，情感类。通常所说的"抒情型"散文属此范畴，即由现实生活中的人、事、情、景引发的喜、怒、哀、乐等。以渲染"我"的主体情思为重心，人、事、情、景等是点燃内心真情实感的导火索。比如，梅洁的《童年旧事》饱蘸深情，铺叙了童年的"我"和同班同学阿三彼此的关心。一别数十载，重逢时已物人两非。曾经有着明亮单眼皮眼睛的阿三，已被岁月淘洗成"一个沉静而冷凝的男子汉"。"我"不由得轻喟，"成年的阿三不属于我的感情"。辛茜的《花生米》娓娓叙说了父亲为了让"我"能吃到珍贵的花生米，带"我"去朋友家做客，并让"我"独自留宿。一夜小别，父女似久别重逢。得知那家的阿姨并没有给"我"炸花生米吃，父亲欲说还休。而多年之后的"我"，回忆起这件事仍旧如鲠在喉。

其三，性情类。"独白型"散文即是。心灵世界辽阔无边，充满了芜杂的景观。事实上，我们往往只能抵达心灵九重天的一隅。在心灵的迷宫中，有多少隐秘、幽微的意识浪花被我们忽略？外部世界再大也总会有边际，心灵世界之大却无法准确找到疆界，如同深邃莫测的时光隧道。每天一睁眼，意识就开始流动、发散，我们是否能够把内心的律动细致入微地记录下来？这必定是高难度写作。如果我们追问个体生命的具体存在状态，每一天的意识流动无疑就是我们存在的最好确证。比如，曹旭的《梦雨》惜字如金，将人的形象和物的意象有机相融，把女性和江南相连缀，物我同一。

尤其是把雨比喻成女孩，"第一次见面，你甚至不必下，我的池塘里已布满你透明的韵律"，空灵、曼妙，蕴藉了唐诗宋词的意味。乔叶的《我是一片瓦》由乡村习见的"瓦"浮想联翩，岁月倥偬，"瓦"已凝结成意象，沉入"我"的血脉，伴随我到天南海北。"瓦"是"我"写作的情结，更是另一个"我"。杨海蒂的《我去地坛，只为能与他相遇》，"我"因为喜欢史铁生的《我与地坛》而一次次去地坛，真真切切地感受史铁生的轮椅和笔触曾触摸过的一草一木。字里行间，漫溢出一个人对另一个人的体恤与爱怜、一个作家对另一个作家的仰望与珍视。或者说，一个作家文字里流淌的真性情，激活了另一个作家的率性和坦荡。

不管是铺写日常生活、表达真挚情感，还是展现率真性情，上述作品大体具有如下审美特征。

其一，真实性。从艺术表现的特质看，散文是最具"个人性"的文体，一切从自我出发。或者说，散文就是写作者的"自叙传"和"内心独白"。这就决定了散文的内容，其人、事、情、景等皆具有真实性，甚至可以——还原。当然，真实性在散文中呈现的状态是开放、多元的，与虚假、虚构相对抗，尤其体现在表象的真实和心理的真实。不管是客观、物化的真实，还是主观、抽象的心理真实，只要是因"我"的情感涌动而吟唱出的"心底的歌"，就无碍于散文的"真"。散文的真实，大多体现为客观的真实，即"我"亲历（耳闻目睹），"我"所叙述的"场景"实实在在发生过，甚至可以找到见证人。对事件的讲述甚至具有纪实性，与事件相关的人甚至可以与"我"生活中的某人对号入座。叙写的逻辑顺序为："我"看见＋"我"听见＋"我"想到，即"我"的所见、所闻和所感，且多采取"叙述＋抒情＋议论"的表现方式。比如，林彦的《夜别枫桥》，少年的"我"先是遭遇父母离异，而后因病休学，独自客居苏州。那座始终沉默无语的枫桥，见证了"我"在苏州的数百个日日夜夜。那些萍水相逢的过客，却给予了"我"终生铭记的真情。

其二，美文性。少年儿童散文通常用美的文字，再现美的生活，营造美的意境，表现美好的人情、人性和人格，是真正的"美文"。比如，吴然的《樱花信》，语言叮当如环佩，景物描写美轮美奂，读来令人神清气爽，齿唇留香。"阳光是那样柔和亮丽，薄薄的，嫩嫩的，从花枝花簇间摇落下来，一晃一晃地偷看我给你写信……饱满的花瓣，那么嫩那么丰润，似乎那绯红的汁液就要滴下来了，滴在我的信笺上了。你尽可以想象此刻圆通山的美丽。空气是清澈的，在一缕淡淡的通明的浅红中，弥漫着花的芬芳……昆明人都来看樱花，都来拜访樱花了！谁要是错过了这个芬芳绚丽的节日，谁都会遗憾，都会觉得生活中缺少了一种情调，一种明亮与温馨……"安宁的《流浪的野草》，文字素面朝天、洗尽铅华，彰显了空灵、曼妙、清丽的情思。"燕麦在高高的坡上，像一株柔弱的树苗，站在风里，注视着我们的村庄。有时，她也会背转过身去，朝着远方眺望。我猜那里是她即将前往的地方。远方有什么呢，除了大片大片的田地，或者蜿蜒曲折的河流，我完全想象不出。"

其三，趣味性。少年儿童生活色彩斑斓，充满了童真、童趣。少年儿童散文不论是写人、记事，还是抒情、言志，皆注重生动活泼、趣味盎然。与此同时，人生中的诸多真谛自然而然地流淌于字里行间，从而使文章具有超越生活的理趣，既提升了文章的境界，又能陶冶阅读者的性情。比如，王兆胜的《名人的胡须》，用瀑布、白云、大扫帚、括弧、燕子等各种事物类比各个名人各具特色的胡须。稀松平常的胡须看似可有可无，却有着不同寻常的意义。古今中外名人与胡须的轶事，读来令人莞尔，幽默、风趣的笔调里蕴涵着举重若轻的哲理。张丽钧的《兰花开了18朵》，"我"时常和蝴蝶兰说话，如母亲的斥责，似闺蜜的呢喃，像恋人的娇嗔，满满的人间情怀里渗透着天然的机趣。"我家这株蝴蝶兰，真真是个慢性子——一簇花，耗费了整整66天的时间，才算是开妥了。从2月24日到5月1日，总共开了18朵花，平均3.67天开一朵。我跟她说：'亲呀亲，你可是我拉扯大的呀，咋这脾性半点儿都不随我呢？这么慢条斯理地开，你是打算把全部春光都占尽了吗？'"

　　散文创作通常与作者的亲身经历密切相关，尤其注重展现真性情。因此，散文抒写的往往是个人的心灵史和情感史。这些散文作品不单是中学生写作的范本，还是教导中学生为人处世的良师益友！

2022 年 10 月 18 日

于北京师范大学

序 言

心灵的徜徉，情感的共鸣

——我的散文观

张国龙

散文与每个人的日常生活息息相关，好比土地、庄稼，是最接地气的一种文体。

散文拒绝虚构，拒绝云里雾里。平实真切地观看人事、物景，平心静气地谛听、思考，最具亲和力、感染力和平民气质。

你不必成为作家，自然不必写小说、诗歌或戏剧。然而，不管你是不是作家，你肯定写过信和日记，抑或编发过短信。当你写信、写日记、发短信的时候，你已与散文亲密接触。当你面对面或通过无线电波向亲朋好友诉说衷肠时，你自然就成了掏心掏肺的"口语抒情散文家"。

一句话，散文无处不在，谁也离不开散文。

如果把小说比作历史的书记官，把诗歌看作是精神贵族，那么散文堪比邻家温润的婶婶。简短的篇幅、优美的文字，演奏出舒曼的乐音，似山溪淙淙，似夏虫夜吟，似十里春风畦畦稻香。

一篇走心的散文，不仅仅书写的是一个人的心灵史和情感史，而且一定能让读者的心灵尽情徜徉，引起强烈的共鸣。

怀着赴约的美好心情走进散文世界吧，你一定能找到你所珍视的良师益友！

书 评

羁旅匆匆，岁月留痕

李 虹

去上海公干，略一犹豫，将置于案头日久一直无暇展读的散文集《一里路需要走多久》塞进了行囊。短期公事外出，可以偷闲读书的时间真正是零打碎敲；现在又有了微信，海量的帖子总有内容值得一阅，对随身携带的书就更加挑剔。喜欢或热爱的书是绝对舍不得带出来的，职业范围的必读书又实在懒得带，所以每次被我匆匆塞进行囊的都是那些平时"存疑"是否能或多或少带来阅读愉悦的书，私下里怀着一种"或许能与好书邂逅"的心思。

《一里路需要走多久》是一次美好的邂逅，委实在我意料之外。热爱教师职业的张国龙在博士毕业之后，如愿留在母校任教，不仅教书教得好，而且学问做得出色，晋升为教授、博导；同时，有十多部长篇儿童小说问世，属于实力派儿童文学作家。已有如此矫健的身手，想不到国龙还涉猎散文，并使自己的文字成为半生行旅的真情记录。《一里路需要走多久》是作者在难得的"偷得浮生半日闲"的沉静时刻，与一路走来且还将继续走去的自己对话，回忆、翻检、感悟、反思，一篇篇书卷气的、真切的、富有表现力的文字，渐次敞开了潜藏在内敛克制的性情之下细密多思、波澜迭起的内心世界。

所谓开弓没有回头箭。作为"北漂一族"为生存打拼，作为重点高校的青年教师为事业奋斗，作者自然是扬鞭于人生的快行道，他的散文是在这埋头疾驰之间偶或的停脚打尖，偶或的喘息或者深呼吸。比如一次雾岚锁窗，一场下出北方气势的雪，一个来自故乡或者亲人的消息，还有一次次旅行，国龙经常是在欣喜或者振奋中命笔，但这片刻的从容、闲暇或者说"受用"，最终都只是一道缝隙，让他掀开自己半生踽踽独行一路跋涉的人生记忆；或者是一个契机，让他审视、反思自我，乃至窥见自己尚未彻底丢失的本真，一逞那个久违的简单纯粹的自己。作者痛感大都市中日复一日"学校—家—学校"的生活已使自己陷入某种"中年疲态"，症见文人式的怯懦、羸弱、麻木、多疑、怠惰等，作者对此高度警醒。比如："四十自然应该不惑，别无选择督促自己淡定从容，宠辱不惊。再难有源自内心的开怀大笑，更难遇源自灵魂幽宫的深哀，从头到脚包裹着自嘲、麻木等气息。这种要死不活、了无生气的中年心态，切！我超级鄙薄！"（《白山黑水东北行》）应该说，作者敏锐地捕捉到、准确地揭示出了当下时代的一种通病，这是国龙散文的分量所在。

目录 CATALOGUE

试卷作家
预测演练

陪一只流浪猫坐坐

　　我喜欢动物，但从未养过宠物。概因既无闲钱又无闲暇，外加特别嫌弃动物身上的异味。拜访过几个养宠物的人家，那种人和动物混杂的怪味令我频频干呕。

　　我所居住的小区各种宠物泛滥，时不时会碰见一些被弃的宠物，花容失色，萎缩、畏缩。某年冬夜，一只被弃的小狗在我家主卧室的窗下哀号了一夜。不知是哪家狠心的主人，何故将其逐出家门，也不知那只小狗是否熬过了那个漫长的冬夜。每当撞见被弃的宠物，我的怜惜之情若灵光一闪，旋即便消失不见。

　　香港浸会大学持续教育学院楼下有一处凉亭，过往行人常在此小憩。每逢在办公室被冷气冻得骨头疼，或者敲键盘敲得腰酸背疼，我便下楼去凉亭处活络血液和筋骨，附带体验从北极突然降临赤道的冰火两重天。

　　在凉亭周遭我遇见了一只流浪猫，它全身赤黑，毛色尚且光亮，但明显已过盛年。

　　流浪黑猫并不怕人，常常躲在灌木丛中躲避香港毒辣的太阳。每天皆有爱心人士定时为其送来吃喝，从慵懒的体态便知黑猫的日子过得似也富足。偶尔有飞鸟偷吃它的嗟来之食，它亦视若不见，一副普济苍生的慷慨之态。

我无法知晓这只流浪猫何故流浪至此，很想知道它是否孤单。在这座繁华的大都市里，它没有同伴，满眼尽是庞然大物及其使用的各种制造噪音的工具，耳闻目睹皆非同类的形影。被世界彻底孤离是否令它悲戚？也许它什么都不会想，也许它心满意足于这种衣食无忧的日子。因为它不过是一只猫。

每次来到凉亭，我便自然会想起流浪黑猫。它不在石阶上趴着，我便蹲身于四周灌木丛中寻找。它时常窝藏在灌木深处一动不动，目光警觉，光芒闪动，似静观其变。若我有伤害企图，它随时可逃之夭夭。我避开它的目光，轻柔地坐在它近旁的石栏上。我不打扰它的潜伏，它亦不再理会我的存在。它和我心照不宣地达成默契，相安无事。过了一些时候，我再看它，它的眼神已倦怠，身子完全放松，瘫软在浓荫里，仿若死猫。我不禁为它对我解除戒备而感动。信任一个人，或获得他人的信任，都是一种自我放松和满足。

"喵——呜——"我尝试唤它。它立即紧了紧身子，快速恢复了机警，活力瞬间在身躯里复苏，仿若沾染了起死回生的仙气。它的目光与我的眼神相碰，"喵——呜——"我盯着它的眼睛唤它。可能确信我在唤它，它果决地回应了一声"喵——呜——"。不知它有多久没有说过话了，眼神和表情不甚丰富，我无法从中发现更多的情绪变化。

"喵——呜——"我柔声唤它。它继续回应我"喵——呜——"，接连几声，一声比一声生动，不似先前那般生硬、胆怯。我向它轻轻招手，它竟然走出了它的荫凉王国，用力拉伸四肢，竖起尾巴，从容不迫走向我，围着我转了两圈，试探我有没有危险。然后，它好似无意蹭了蹭我的腿，旋即自然走开。待我再次唤它，它立即掉转身，竟然趴在我的脚边，安卧下来。我一动不动地陪它坐着，全然忘记了我已被滚滚热浪烘烤得满头大汗。

凉亭处过客依依，没有谁令我真正留意过，他们也无须我留意。

每一次来到凉亭，我自然会寻找黑猫，呼唤它，然后陪它坐坐。时间长了，它一见我出现在凉亭，便走出它的王国，假装并非有意来见我，从我脚边悠闲走过，胜似闲庭漫步。我坐下，它便趴在我脚边。我坐多久，它就趴多久。我离开，它便返回它的浓荫王国。这种无言的默契令我心存感激，我不知道它是否需要我陪伴，若不见它踪影，我心下便不自在，亦无心在凉亭久留。顶多停留三、五分钟，便急欲返回空调室驱散浑身酷暑。

为何只有独在异乡才能真切地体验到一只流浪猫的孤单？才有了每天陪它小坐片刻的静心？

暴风雨之夜，豪雨厉风在窗前彻夜鬼哭狼嚎。我半睡半醒，不知那只流浪黑猫该如何躲避这狂暴的风雨，不祥之感塞胸。

一大早返回学校，破例在进办公室前去了凉亭，找它。寻了几圈，始终不见它的踪影，心一寸一寸地往下沉，沉不见底。正欲离开，它在浓荫里"喵——呜——"，毫发无损，似比平素干净。

它在暴风雨中沐浴？那是怎样的情境？何人知晓？

这篇短文快结束的时候，我已有两天没见到那只流浪黑猫了。它遭遇了怎样的变故？但愿，它被爱心大使带回了人所居住的家里。但愿。

▶预测演练一

1. 文章开篇写"我喜欢动物"有何作用？（3分）

_____

_____

_____

2. 用简洁的语言概括"我"和黑猫相处的几个片段。（4分）

_____

_____

_____

3. 文中画横线句用了_____的修辞手法，其表达作用是

_____（3分）

4. 文中画波浪线的句子表达了什么意思？（3分）

_____

_____

_____

荒草与阳光之间

　　北京因为干燥，常常被灰尘肆意纠缠。所有的街景时时蓬头垢面，像一个失去了爱情的中年女人。雨水丰沛的南方，每当雨过天晴，空气里漫溢着青草和泥土的清香，沁人心脾。然而，在这缺少雨水爱恋的北方，空气里始终鼓胀着躁动不安的尘土戾气，你的眼里、鼻子里和心里自然就落下了荫翳。来这里生活近 20 年了，明知道这是干旱少雨的北方，这是几乎拧干了柔情的粗犷的北方，但我始终在盼望，在等待。常常盼望下雨，常常等待姗姗来迟的雨声惊扰我的酣睡。我的盼望和等待，时时近乎绝望。还好，总是在濒临绝望之时，雨或雪，终会匆匆远道而来。

　　香港是比我故乡更南的南方，那里雨水丰腴，如同情感过剩而情无所倚的少女。在香港滞留一年，我丝毫不厌烦其时时处处湿漉漉的触感。记得那个台风肆虐的傍晚，我若无其事闲荡在观塘的街市里，想好好感受一下那传说中可以将大树连根拔起的风的力度。我习惯了北风的凄厉，不大相信那来自温润南国的风竟然会如此血腥、残暴。风折断了我近旁的一棵榕树的壮硕枝干，把我刮成了一棵东倒西歪的树，我浑身如河流决口。没有恐惧，我恰似回到了久

7

违的襁褓，找寻到了那种关于风雨的温暖记忆——几近不可理喻的一种自虐情态。

回到北京，鼻腔和口腔立即似已龟裂，对于雨水的渴望实际上已经郁结成一种病态。满身、满眼、满心的浮尘，不洁感终日如影随形，浑身的不自在，精神萎靡。上呼吸道感染、鼻敏感，似感冒而非感冒，头晕目眩，似病入膏肓……我似禾苗，急需雨水浇灌。

夜半，雨声将我唤醒。快速翻身下床，没顾得上开灯，拉开厚重的窗帘，打开夹层窗，伫立于窗前。伫立，伫立，伫立……深深地呼吸，雨的味道混合着浓重的泥腥味。嗓子渐渐滋润，鼻息渐渐通畅，脑袋渐渐清醒。雨声、风声，似一曲来自远方的绝响，是何人拨动的琴弦？我混沌、芜杂的心绪渐渐澄澈、清明……

一夜秋雨，洗刷出了一个清新、洁净的清晨。这北方十月的清晨，依稀有了南国袅娜的风韵。贪婪地深吸一口，我19岁之前所有与南方清晨有关的记忆，一瞬间从远方迎面扑来。

天空碧蓝，一览无余。北方的天空。北京雨后的秋晨。——"秋高气爽"，果然名不虚传。正在泛黄的枫树杨树银杏树和法国梧桐们，摇曳着偷偷裸浴之后的惬意、沉静。楼房和街道似受了某种神圣的宗教洗礼，少了许多躁动，多了些恬然。就连密密匝匝的马达声，也有了清脆的质感。

蚁蝼般的私家车早已倾巢而去，上班族早已匆匆离开，孩子们早已走进了校园，只剩下老人们在偌大的院子里悠闲地散步、聊天，或安坐着晒太阳——被雨水洗刷得亮晶晶水灵灵的太阳。

上午十点，我晃晃悠悠穿过空荡荡的小区，回学校去讲课。踩着一路柔软、温暖的阳光，我情不自禁蹦跳了几下。突然意识到早已滑过了蹦跳的年轮，下意识环顾左右，似无人注意我"聊发少年狂"，索性继续蹦跳着穿过停车场。足下似安装了微型弹簧，我不禁奋力跳跃，模拟着排球扣杀和羽毛球劈杀的动作，那种久违的渴望奔赴运动场厮杀的激情倏然澎湃。

车场外是一大片空地，据说要在此修建社区医院。我入住10年了，医院迟迟没动工，这片空地一直就这么奢侈地荒芜着。习惯了行走在被水泥和石子儿铺盖的路面，我一直认为这片土地原本就是不毛之地。蒿草，我遥远记忆中不守任何规矩的蒿草，竟然茂盛了这一大片弃园。乏人问津，流浪狗或猫偶尔进进出出。或者，在夏季某个阵雨过后的晚上，犹能听见一片稀罕的蛙鸣。除了蒿草，还有零星的几株枯瘦的向日葵，冲着太阳没遮拦地笑。西瓜秧苦瓜蔓南瓜藤尽情向四周探险，自得其乐。蛐蛐和蚂蚱在草叶间舒展筋骨……

这是一片难得的憩园！可惜，没有谁愿意走进这荒湮蔓草之中小憩。因此，这里完全属于植物和动物，是它们真正的乐园。

<u>自从那个叫"城市"的怪物来到这个地方之后，钢筋和水泥成为城市的得力武将，以摧枯拉朽的气势迅速将植物和动物们逐出了</u>

它们的家园。还好，子虚乌有的社区医院保留住了这片动植物的天堂。不知还能保留多久？但愿它能一直保留下去。因为我们可以站在空地的围栏外，让城市里的孩子们真切地认知何为荒芜何为自然？

我站在荒园的栏杆外，突然，我惊呆了，驻足难行——

荒园深处，一位银发飘飘的老奶奶正在和她那四五岁的孙子玩耍。他们还搬了小桌子和小椅子，摆放在草丛里。婆孙俩围坐在桌前，好像在讲故事。也许，那顽皮的孙子一大早突然犯浑死活不肯去上学，奶奶认为这个年龄偶尔旷一次课并不要紧，索性归还孙子一个无拘无束自由自在的日子。

满园蒿草，满园阳光，听见了奶奶童话般迷人的故事。

若干年后那个孩子一定会记得这个静谧的上午，一个只属于他和奶奶的纯粹的上午，一个弥漫着阳光和蒿草幽香的北京秋天的上午……

唯恐那孩子会忘记这个上午，我赶紧将其写进这篇文章里。郑重申明：我铭记着公元 2010 年 10 月 12 日北京一个雨后阳光葱茏的上午！

▶预测演练二

1. 文章写的是北京，为什么还要提到香港呢？（3分）

_____

_____

_____

2. 结合文章谈谈城市和荒草之间有哪些对立的表现。（4分）

_____

_____

_____

3. 请分析画线句的表达效果。（4分）

_____

_____

_____

4. 阅读文章并联系实际，谈谈你认为怎样做才能创造出人与荒草、阳光的最佳相守。（5分）

_____

_____

_____

麻雀为邻

我家书房的空调孔洞里，住着一家子麻雀。

10年前入住时，因为疏忽，书橱先入房，挡住了空调洞。满满当当的书柜，挪动起来实在困难，索性放弃安装空调，算是"被环保"。这个闲置的空调洞便成了麻雀们的安乐之所，我因而还可称作"被爱鸟"人士。

麻雀们初来乍到时，一点也不生分。清晨、黄昏、正午，它们呼朋引伴，叽叽喳喳，喧闹异常，似热烈庆祝乔迁新居。即或夜深人静，尤能听见它们簇拥呢喃咕哝之声，委实喧宾夺主。

那时候我参加工作不久，积蓄微薄。公司动荡，薪水不高。按揭买房，可谓债台高筑。囊中羞涩，无奈跻身"月光族"之列。月供，若悬于头顶之尚方宝剑，入住新居的欣喜荡然无存。我时常忧心如焚，时常迁怒于麻雀们肆无忌惮的狂欢。尤其是当我好不容易安静下来读书、写作，麻雀们时不时旁若无人地扑腾、喋喋、聒噪，令我心猿意马，几近抓狂。

于是，我费尽机巧，驱逐这群不速之客。

我自诩为读书人，自然想起了"先礼后兵"的古训。每当不堪麻雀们的狂欢之扰，我先是敲墙警示。麻雀们知趣闭嘴，书房快速归于安静。岂知我刚刚翻书提笔，麻雀们的嚣声又起。我只好愤然离座，以镇纸击打墙壁，麻雀们扑腾着惊慌飞离巢穴。以为它们受到惊吓，一时半会儿不敢回来，我遂带着胜利者的惬意安坐。半小时之后，一只麻雀鬼鬼祟祟返回巢穴，估计是侦察兵。约莫过了 3 分钟，它可能确信没有危险了，便扯开五音不全的嗓子呼唤。已经沉浸入书中的我，暂时可以容忍一只麻雀零星的哓哓，便置之不理，颇有气度。不料我的沉默和忍让换来的却是麻雀们的得寸进尺，没多久，麻雀联欢盛会又开始了。我怒不可遏，用镇纸猛敲墙壁，猛拍书橱门，并辅以歇斯底里的吼叫，形若狩猎的先辈。

"入鲍鱼之肆，久而不闻其臭"，现在，不管我如何咆哮，麻雀们皆置若罔闻，我行我素。我制造出的任何嚣声，被麻雀们公然照单全收，似欢迎我为它们频频召开的盛大家庭聚会击节助兴。重拳砸进厚厚的棉花堆里，我气结。"生气是用别人的错误来惩罚自己"，还好，我及时醒悟。以我作为"万物之灵长"的智商，无论如何也不至于输给这一群弱智的飞禽吧。允许你们栖身于我借钱购买的"豪宅"，不要求你们付一厘房租，你们却没有自知之明，频繁扰民，那就别怪我不仁不义了。我决定对这群不懂礼数的麻雀实施更严厉的打击。

铲草需锄根，我必须封闭空调洞，让麻雀们无法侵入我的领地。因为书橱贴紧洞壁，不挪开书橱是不可能从内作业的。从墙壁外操作，更是天方夜谭。掂量再三，觉得怎么做都会让自己耗费体力，只好咬牙切齿放弃蠢蠢欲动之念。想起蚊子打败狮子的寓言，我的沮丧无以复加。麻雀们似洞悉了我的无计可施，日日笙歌依旧，夜夜欢宴依然。

一日上午，我苦思冥想数日之后突然开窍，写作正酣。不料，麻雀们的家宴突然开张，似故意叨扰。"是可忍，孰不可忍。"我强抑心中熊熊燃烧的怒火，被迫大动干戈。我不动声色，逐一将书下架。忙碌了整整一个上午，终于将空荡荡的书橱移开。此刻，被麻雀们抢夺的"家"，完全暴露在我的眼皮之下。这确实是个温暖的家，铺满了柔软的羽毛、枯草、碎布什么的。麻雀们早已闻风丧胆，倾巢而出。我毫不留情，迅速毁坏了它们的家。接下来，我用旧报纸将空调洞堵了个结结实实。然后，我费了半天工夫，将书房归置得整整齐齐。当我心安理得坐在书桌前，报复的快意油然而生，不禁窃笑。

入夜，北风呼啸，雪花嘶嘶。我的书房被暖气熏烤得宛如阳春三月，守着橘黄的灯光，在文字里感受大师们的气息，难得"偷得浮生半夜闲"。凌晨，我关了台灯从书本里抬起头来，窗外银装素裹，北国在雪夜里酣眠，我的心原被洗涤得纤尘不染。工作、学业、生计、前程等琐屑的忧虑全都消散，我返璞归真，获得了瞬间的自在和恬然。下意识望了望洞壁，呢喃和咕哝之声寂然。突然心生恻隐，在这暴风雪之夜，被我毁坏了家园的麻雀们将在何处栖身？小学时学过的那篇有关寒号鸟不垒窝而没能度过寒冬的悲惨故事，立即在我的头脑里浮现。今夜，寄居在我家的麻雀们，是否会冻死在风雪之中？

我愧意顿生。

夜半，我被书房里的窸窸窣窣之声惊醒。我预感到麻雀们回来了，正顶着暴风雪重建家园。我没有开灯，蹑手蹑脚走进书房，贴着墙壁，听见了它们正此起彼伏啄那些被我塞得密密匝匝的报纸。我有打开窗户让它们飞进来栖息的冲动，但想到这些已对我有戒备之心的鸟儿，是不敢接受我的好意的。暗自庆幸，我填塞的不过是报纸，不是混凝土。

那晚，麻雀们是否忙碌了一个通宵我不得而知。

黎明，我下楼亲近茫茫雪原。我家楼下的空地上，洒满了密密麻麻的碎报纸屑。

这些坚毅的鸟儿呀！

当我仰头看见空调洞口有鸟儿们进出的身影时，如释重负。

从此，我接纳了这群私闯民宅的麻雀，也接受了它们的聒噪、喋喋和哓哓。麻雀们似乎"吃一堑，长一智"，当我在书房时它们不再放肆喧闹。它们总是在我离开书房时才尽情嬉戏，一旦我返回，它们便"突然闭口立"。渐渐地，我喜欢上了这群通晓人性的麻雀，不再厌烦它们的喧嚣。当我读书、写作疲劳之时，非常渴望能听见它们充满活力的歌声。它们滋味盎然的忙碌，以及见面时彼此掏心掏肺的寒暄，让我感觉到生活依旧美好，每一天都是全新的一天，每一次季节的轮换都充满了期待和憧憬……

我把麻雀一家当作了小时候寄居在我南方家院堂屋里的那群燕子，麻雀的歌声似乎和燕子的嗓音同样悦耳。

与麻雀为邻，十年一瞬。

去香港一年，我时常想念住在我家书房里的麻雀。

一年后，回到北京，走进久别的书房，听见麻雀们欢腾的歌声，暖意盈心……

▶预测演练三

1. 下列表述符合文义的一项是（　　　）（4分）

A. 麻雀们最开始嚣张、聒噪，被我"惩戒"之后，不再放肆喧闹。

B. 因为麻鹊的扑腾、喋喋、聒噪，所以"我"从接纳麻雀到驱逐麻雀。

C. 私闯民宅的麻雀，让人又爱又恨。

D. 面对"我"的愤怒，麻雀依然我行我素。

2. 作者笔下的麻雀是一群怎样的形象？（4分）

3. 麻雀的歌声为什么会和燕子的嗓音同样悦耳呢？（3分）

4. 通过本文的学习，你认为人类与鸟儿为邻有哪些好处？（4分）

试卷作家
美文赏析

那是什么声音

🌸心灵寄语

　　旅途中的所见所闻，无论是自然风光还是风土人情，甚至是偶然遇到的一段音乐、一个细节、一种味道，都会在心中埋下种子。

1

　　因为爸爸妈妈都喜欢户外运动，桂宝在娘胎里就走南闯北。

　　桂宝8个月的时候，随爸爸妈妈自驾游。北京春寒料峭，桂宝竟然没有任何不适。扒着车窗咿咿呀呀，专注得似乎不肯错过任何风景。爸爸泊车白河湾，小河仍冰冻，北风犹有刺骨感。桂宝不惧风寒，乐呵呵地在气垫床上爬行滚翻。咽着口水盯着华妹阿姨熟练烧烤，平生第一次尝了烤羊肉串。返程时，京藏高速爆堵，桂宝兀自呼呼大睡，一觉到家。翌日，仍旧安然无恙。

　　爸爸妈妈窃喜：这孩子皮实！

自此，周末或者假期，爸爸妈妈便带桂宝天南海北。桂宝两岁多飞往日本，在北海道逗留十余日。"出去走走"，渐渐成了桂宝的口头禅。"爸爸，明天您有什么安排？"是桂宝每周五的例行询问。若听说"没空，没有安排"，立即情绪灰暗，嘟囔："我都憋坏了，家里太不好玩儿了。"

因为各地不断反复爆发疫情，桂宝 7 岁的暑假旅行计划泡了汤。并非爸爸妈妈临时变卦，桂宝也表示理解，但相当落寞。时常慨叹："啥时候才能出去走走？"

临近开学，王子妈妈邀约，徒步"黄草梁"。桂宝和爸爸妈妈自然喜出望外。

2

对于爸爸妈妈来说，此次黄草梁之行，纯属"说走就走"。之前，爸爸妈妈带桂宝探寻过北京怀柔的"野长城"，攀登了京郊的几座小山，积累了一些徒步经验。

驶离西六环，直奔门头沟，尽是盘山路。久困于市区的"鸽笼"，一家三口不惧山高谷深，一路欢笑、畅聊。驾车 3 个半小时，薄暮时分，抵达位于黄草梁山麓的爨底下村。王子爸爸是某中学负责人，忙于招生，脱不了身。王子妈妈只好独自驾车带王子出游，母子俩先行住进了民宿"柏峪院里"。这普通的京郊民居，经由艺术装修，俨然有了江南庭院的韵致。王子和桂宝在院子里尽情奔跑，爬上似

21

伸手可触的露台嬉闹，瞬间就卸下了住高楼的桎梏。

房东家上大班的小女儿，跟着两个小哥哥大呼小叫、往来穿梭。她的爸爸妈妈都不在身边，但她和所有的客人都自来熟，小主人般招呼大家喝水、吃点心什么的。

爸爸相当惊诧，油然碎碎念："这房东心可真大，不担心我们把她的宝贝女儿拐跑了吗？"

"房东的太太还住在城里，他独自在这里打理，还得打点另一处更大的院子，根本忙不过来。他可能觉得我们是好人，就放心地把女儿交给我们了。"王子妈妈调侃。

爸爸摇摇头轻轻"嗨"一声，欲言又止。

妈妈连声赞叹："看嘛，散养有散养的好处。你看这小姑娘，多省事啊，自主能力太强了，将来肯定有出息！"

这民宿里有自助厨房，两位妈妈开始准备晚餐，瞬间找回了主妇的感觉，就像是刚刚把家搬到了这里。

爸爸负责看管3个小孩，不担心楼下投诉孩子闹腾，不担心门前车多人杂，完全无为而治，落得自在逍遥。清闲了，"文青病"立即发作。爬上露台，凭栏缓缓360度极目。

四面环山，山皆嶙峋，状若精心刀砍斧削。暮霭渐沉，远处的山峰仍旧轮廓分明。天气预报说明天有雨，来这里的车辆自然就稀稀落落。四处是鸟儿们归巢的啁啾，还有满树荫的蝉吟，与各种无名的虫声汇成自然的混响。月牙儿像是发毛了，羞怯地搭在远处最高山峰的脖颈上。少时的乡村记忆瞬间汹涌，结结实实撞在这他乡微凉的夜色里。谁都依赖于习惯，习惯让我们固守当下。忙忙碌碌中，大多数时候不得不强行切断过往和日常轨道之外的风景，以至于误以为世界就是自己日复一日重复的轨迹。

村街上的灯，不知不觉就亮了。鹅卵石和碎石片镶嵌的街面上，摇曳着凹凸不平的昏黄。

"开—饭—啦！"桂宝和王子在院子里扯开嗓子喊。

爸爸恍惚听见了儿时的自己呼喊爸爸妈妈的声音。

长途奔袭，大家都饥肠辘辘。晚餐相当丰盛，大家吃得稀里呼噜。

闲聊间，房东带着夜色出现在院子里。体态、声音和面部表情，皆具有居家男人的从容和温和。没有任何寒暄，他举起自备的啤酒，微笑着冲爸爸示意"干杯"，说："你们来得不巧，明天有雨，建议不要去黄草梁了，路滑，山里有雾，容易迷路。不过，你们可以驾车，沿着山路兜一圈返回市里。那一路，都是好风景。"

桂宝和王子立即不悦，爸爸安慰："我们需要随遇而安，下雨天，就在这院子里待着，看下雨，听雨声，也是难得的体验呢。这里下雨，这里的雨声，肯定和城里完全不一样。"

"天气在不停变化，天气预报也有不准的时候。说不定，明天不下雨呢。"王子妈妈显然心有不甘，她最爱徒步、攀登。

"这里的夜色很特别，还能看见萤火虫。吃完晚饭，我带你们去看萤火。"房东盛情相邀。

3

村街上没有人影，四处也不闻人声。

爸爸和房东带着一群妇孺，说说笑笑走出了狭窄的村街。没有路灯，隐约能看见乡村公路的蜿蜒。所幸，这村道相当平整。树丛间偶尔闪亮，三秒钟后寂灭，像是传说中的鬼火，确实有些瘆人。

——那应该是太阳能灯，声控的。

王子和房东的女儿胆儿大，兀自蹦跳呼叫着黑夜。桂宝头一次在黑夜里穿行，相当胆怯，紧紧地贴着爸爸，不说一句话。

"别害怕，我们一群人呢，爸爸妈妈就在你身边。"爸爸一边小声鼓励，一边提醒大家，"都走路中间啊，别踩路边的草丛，说不定那里有蛇。"

"自你离开以后，从此丢了温柔……"王子的歌声穿透了夜色。他唱刀郎的歌，颇有几分沧桑，节奏和音准都相当不错。

"嘿，你们看，好多星星呢！"妈妈突然惊呼。

像是发出了"立正"的口号，大家同时驻足仰望星空。

"那应该是金星，最亮的那一颗。哟，还能看见北斗七星呢。"夜色遮不住王子妈妈的惊喜。

"最近天气不好，今天晚上的星星还不够清晰。等天气好的时候，满天繁星。要是登上了黄草梁的半山腰，感觉就能摘到星星了。"房东说，略微有些遗憾。

"哇，你们看，那是萤火虫！"

"哇，我也看见了！"

"那里还有！那里也有！"

大家不约而同追随着萤火虫的萤光奔跑，大呼小叫，甚至蹦跳着抓萤光。只需一个瞬间，大人们也做回了孩子。

爸爸妈妈鼓励桂宝追逐萤光，桂宝紧紧地拽着爸爸妈妈的手，有些哆哆嗦嗦。显而易见，他还是害怕这深不可测的夜色。

爸爸妈妈不再强求桂宝，簇拥着桂宝，提议大家返回柏峪院里……

4

一周后，爸爸要求桂宝写一篇小作文。桂宝还算配合，自己拟了题目《那是什么声音？》——

夜幕降临了，森林静悄悄的。

咦，那是谁的叫声？

叽—叽—叽—，原来是小鸡的叫声。

咦，那又是什么声音？

原来是窗户被风吹动的吱嘎声。

咦，这种声音怎么听着那么熟悉？

嘎—嘎—嘎—，原来是小鸭子的叫声。

咦，这又是什么声音？

呼啦—呼啦—，原来是风车在唱歌。

咦，这又是什么声音？

轰—轰—轰—，原来是飞机在高唱。

咦，这又是什么声音？

知了—知了—，原来是蝉儿在鸣叫。

世界上有各种各样的声音，

怎么听都听不完也听不够。

许多声音像妈妈的心跳，很温馨。

精彩 赏析

本文分为四个部分，第一部分是介绍徒步"黄草梁"的缘由：因为疫情不能远行；第二部分介绍了有江南庭院韵致的京郊民居、热情活泼的房主儿女，描述了民宿四周的山峰以及乡村夜色；第三部分写在夜晚去看萤火虫，捉萤火虫；第四部分以桂宝的一篇小作文收束全篇。全文结构清晰，层次分明。文章中人物的语言描写也很有特点，如桂宝嘟囔："我都憋坏了，家里太不好玩儿了"，符合桂宝的年龄特点，小人儿天真可爱的形象跃然纸上。爸爸碎碎念，说房东心大把女儿交给他们，表现了一个父亲的担心和善良。

初入黄草梁

🌸**心灵寄语**

> 峰顶上风光无限，没有付出艰辛的人无法体会它的美妙，更无法欣赏它的魅力。

1

星光、月光、萤火、歌声、欢笑声……搅动不了黄草梁下静谧的夜。

一行并不十分熟悉的人，彼此照顾着返回柏峪院里。

夜已深，孩子们还是不肯轻易睡去，在各个房间流窜着躲猫猫。

房东陪着王子妈妈和桂宝的爸爸妈妈喝茶、闲聊。

大人们和孩子们心照不宣，井水不犯河水。解除了扰民的警报，且不需早起上学，孩子们尽情挥霍这纯正的童年时光。

这入夜的一壶茶，奇迹般缩短了所有人的距离。

不可思议，今夜，几个外乡人守着一壶茶，亲人般围坐在这貌

27

似家园的庭院里。燕赵文化、巴蜀文化、苏杭文化和秦川文化，隐约点染在各自的口音和言谈举止间。

闲聊后，才发现，房东也是地地道道的外乡客。

有道是：长大后，故乡就成了远方；离开后，远方就变成了故乡。

房东毕业于北京交通大学。他当然不知道，因为北京交通大学，桂宝爸爸不再和他生分。

那年初秋，桂宝爸爸只身来北京上大学。深夜，背着行囊在西直门立交桥上迷了路。彷徨无助时，一个自称就读于北京交通大学的男生热情引路，并留宿。第二天一大早，亲自护送桂宝爸爸到北京师范大学报到。从此，北京交通大学成了桂宝爸爸寄居北京的最初感动。那种刻骨铭心的好感，自然而然辐射到房东身上。更何况，房东来自关中平原，与桂宝爸爸的故乡蜀川只隔着一道秦岭。桂宝爸爸曾经就职于国企，离职后几经波折皈依于杏坛。房东亦去职国企，精心经营这民宿。同为中年男人，都在他乡碌碌打拼，努力营生的况味尽在不言中。虽交浅，但言语渐深。且有茶，适时帮助化解萍水相逢的隔膜。

2

孩子们还在院子里嬉闹。不知不觉，玻璃窗上滚动着水珠。山风将村街上的灯影吹动得手舞足蹈，庭院里也跟着哩哩啦啦。

这一次，天气预报居然没有谎报"军情"。看来，徒步黄草梁，大概率得泡汤了。每个人的脸上都有了些许失望。

"早晨下雨当日晴，晚上下雨到天明。"王子和桂宝异口同声背诵。他们的语文老师郭老师一直要求他们分享"日积月累"，终于派上用场了。

很快，院子里也有了哗哗声。不曾想，这山中的第一场秋雨来头可不小。枕着雨声酣眠，桂宝爸爸想起了"夜阑卧听风吹雨，铁马冰河入梦来"。

一夜秋风秋雨，满院秋声瑟瑟。

只要一家三口同行，桂宝爸爸哪里都可以安眠。

孩子们不懂雨声中晚起的惬意和奢侈，一大早便在庭院里呼朋引伴。

自打孩子们闯入爸爸妈妈的二人世界，爸爸妈妈就被他们带跑了节奏。忍着、磨着、熬着……用尽了为人父母的十八般武艺，直至债多不愁，直至被迫成为全能战神，甚至化身超人。抱怨稍纵即逝，温热却永存心底。"痴心父母古来多"，大多逃不出这轮回，且无怨无悔。

毕竟是客居，毕竟此行的初心是徒步黄草梁。早餐后，就该说再见了。

雨，知趣地歇了，村街上仍有涓涓细流。孩子们穿着雨披和雨靴，踩着细流笑得秋意全无。远远近近的山梁上云雾缭绕，白雾与青山纠缠着，尽显儿女情长。

房东家的小女儿舍不得两个小哥哥离开，有些哽咽，攀着小哥哥们送上了香吻。他们哪里懂得，或许，这一别，他们的童年已不再。

"雨后路滑，山里天气变化无常，另找好的天气，再来徒步吧。"房东抱着小女儿微笑提醒，挥手告别。

桂宝爸爸暗忖：开车到黄草梁山麓，沿山路返城。车到哪里，哪里就是目的地。

泊车在黄草梁山脚下，太阳竟然钻出了云层。四面的青山格外透亮，似纤尘不染。桂宝爸爸招呼："孩子们，我们来背诵一首古诗吧？这景色，与一首诗特别贴切。'空山新雨后'……"

王子和桂宝迫不及待向山上进发，哪里还有心情背诵什么诗？

王子妈妈全副武装，不由分说，紧跟着孩子们登山。

"真的要爬山吗？多危险！"桂宝妈妈小声嘀咕。

"没关系，小心点儿，孩子们爬不动了，就自动放弃了。"桂宝爸爸大步流星追了上去。"孩子们，登山不要跑啊。我们不比谁快，安全抵达就是胜利者。速度太快，一会儿体力透支，就爬不动了。"

两个孩子哪里肯听，一路小跑着，带起了队伍的节奏。不一会儿，就抵达了"黄草梁"的起点界碑前——

十里草甸

黄草梁，顶峰海拔 1732 米，四处皆坦，山顶岩质为铁矿石，呈红褐色，石小压手，树少草丰，荒草齐腰，鸟兽成群。整体草甸呈"丫"字形，有东、西、北梁头，三叉分开，七座楼位于北梁头古道间。

大家驻足朗读时，一对夫妇带着一个七八岁的女儿跟了上来。同是登山爱好者，大家都自来熟。他们说，之前来过这里，差一点就登顶黄草梁。还说结伴而行，希望能够登顶成功。

3

桂宝爸爸打量山上山下，居然就只有这些人，可谓"空山"。仰头看了看主峰，虽高耸入云，似又近在咫尺。极目远眺，层峦叠嶂之间，云蒸霞蔚，宛若仙境。既然天公作美，当不负天公美意。叮嘱两位妈妈自保，兀自跟着两个初生牛犊向顶峰进发。行进间，还不忘驻足，吆喝两个孩子一同冲群山狂呼："嗨—你—在—吗？我—们—来—了—"

初始的路途多为木栈道，两个孩子健步如飞，如履平地。桂宝爸爸紧赶慢赶，苦苦追随。两位妈妈则被远远地落在身后。

"孩子们，你们不要妈妈了吗？慢一点，等一等，别把妈妈们弄丢了。"爸爸时不时大声提醒。

走过了木栈道，道路立即狭窄、崎岖、湿滑。葱郁的树荫遮蔽了天光，也遮蔽了远山。水汽越来越浓重，树叶间不时滴落下水珠，似下雨了。王子经常爬山，不需要搀扶，仍能连走带跑。桂宝拄着登山杖，左一个趔趄，右一个踉跄，不懂得找着力点，摔了好几次，心理立即崩溃，忍不住小声哭泣，嚷嚷着"我们回去"。

爸爸赶紧牵着桂宝攀爬，低声鼓励："你第一次爬如此险要的山，遇见困难是正常的。已经攀爬了1/3的路程，现在放弃了，多可惜啊。'无限风光在险峰'呢。爸爸也很好奇，就是想知道爬上山顶，那上面是怎样的平坦？你仰头看，山峰是不是就在我们头顶？"

波折之间，两位妈妈也跟了上来。偶遇的那一家子，早已被远远地甩在了身后。

大家在半山腰上停歇，吃吃喝喝，补充能量。

"这里不好玩，我们回去吧。"王子也跟着打退堂鼓。

"你们就说那些你们觉得好玩的吧，屎屁尿啊什么的都可以。说一说，你们就觉得轻松了。"王子妈妈乐呵呵的。"爬到山顶，肯定就好玩了。要是不好玩，怎么会有那么多人来这里呢？"

一行人继续向山顶攀登。过了半山腰上，碰见一支徒步队伍，居然带着一只硕大的金毛犬。金毛犬呼哧带喘，勉力爬行。

"这狗好像爬不动了？"桂宝爸爸问狗主人。

"狗的腰身很长，爬山很吃力，吃不住劲儿。"男主人说。

"小伙子们，你们可不能输给这只狗。"桂宝爸爸激励王子和桂宝。"要是山上有卖奥特曼卡的就好了？"

"叔叔，真的能买奥特曼卡？"王子顿时来了精神。

"骗人的，这里人都没有，谁会在这里卖奥特曼卡。"桂宝坚决不相信。

桂宝爸爸和王子妈妈低声交流："下一次，我们有备而来，悄悄准备好奥特曼卡，奖励他们。"

哄着，劝着，两个小时后，王子和桂宝终于翻过了顶峰……

4

意想不到的是，这座顶峰后面，竟然还隐藏着另一座山峰。必须继续翻越，才能到达黄草梁。

桂宝爸爸计算着，怎么着还得 1 个小时。下山时，还得 3 个小时。万一突然下雨了，要是谁不小心摔伤了，下山可就是大麻烦了。而且，6 点左右还得赶回市区，参加一个重要的聚会。

然而，两位妈妈却精神百倍，坚定不移继续攀登。桂宝爸爸只好重新鼓足勇气，紧紧跟随。偶尔默念："要是王子爸爸来了就好了。"这山里，没有人烟，一个男人带着一群妇孺探险，确实有些鲁莽和草率。

可能是天气不佳，一路上绝少遇见其他登山者。

通往另一座山峰的路相对平坦、短促，但妇孺们越走越慢。临近中午，天色却越来越昏暗，雾气越来越浓重，山风越来越响亮。桂宝爸爸心里不踏实，赶紧加快脚步探路，急于弄清楚越过山峰是否就抵达了黄草梁？若前路漫漫，当机立断，赶紧打道回府。

桂宝爸爸独自前行，所幸的是，不到半个钟头，翻过了山峰，眼前就是一望无际的黄草梁。这浩瀚的高山草甸的确令人震惊，四面的群峰就像是黄草梁的栅栏。众多的登山爱好者从三个方向汇聚到山峰下面的三岔路口，谁的脸上都洋溢着登顶成功的喜悦。谁和谁都不生分，彼此打探着从哪个方向来到了这里？耗费了多长时间？彼此提醒着路滑、当心。

来不及和谁寒暄，桂宝爸爸赶紧下撤，边走边喊："桂宝——王子——你们到哪儿了？黄草梁就在这儿呢。"

途中，遇见了金毛犬和它的主人。这绝对是忠诚的主人，居然背着金毛犬即将到达黄草梁。桂宝爸爸侧身让道，情不自禁竖起大拇指，笑盈盈赞美："真是了不起！"

桂宝爸爸终于看见了缓缓爬行的妇孺们，像是久别重逢，彼此惊喜连连。

"你看见黄草梁了吗？"

"黄草梁长什么样？"

"还有多远呢？"

……

爸爸高声激励："这一段路很好走。你们加油啊，黄草梁太美了，绝对不虚此行！"

3个半小时，一行人抵达黄草梁。无论如何不敢想象，山峰下面，居然隐藏着一片丰茂的草原。所有的大人跟着孩子们欢呼雀跃。

"我有点后悔，应该把帐篷背上来。要是孩子们在帐篷里玩，肯定特别开心。"王子妈妈不无遗憾。她探寻着三条羊肠小道，嘟嚷"究竟走哪条路才能到达黄草梁"。

桂宝爸爸担心王子妈妈决意继续行进，赶紧强调："我刚才问了那些驴友，他们说这一片都叫黄草梁。'条条大道通罗马'，这里的三条路意味着不同的登顶路线。这里太美了，下一次我们再来。一定找个晴天，王子的爸爸也来，让他背帐篷。"

王子妈妈看了看这一眼望不到边的高山草甸，似心有不甘，意犹未尽。

一行人下山的时候，一路上碰见了各个驴友队，全都背着重负。说说笑笑，整座山突然就活跃了起来。

"嗬，这俩孩子，真行啊？你们到达黄草梁了吗？"驴友们不停地问询。

王子和桂宝肯定都很骄傲，但表现得还算淡定。

"你们是打算在黄草梁露营？"桂宝爸爸好奇地问，心里默念："这群疯子！"

答案显然是肯定的。

爸爸不由得慨叹：这是哪里来的勇气？转念想，天放晴了，今晚的山月和星辰一定格外明亮。那种体验一定终生难忘！下一次也来露营吧，再不疯狂一回就真的老了。也该让孩子们体验下城里的月亮和山月的不同之处。

开小差的功夫，孩子们就跑得不见踪影了。下山，确实比上山容易得多。夕阳点染的群山，少了些嶙峋，多了些秀美……

精彩
—赏析——

　　本篇是以第三人称视角来写的，告别了房东，"他们"开启了徒步黄草梁之旅。刚开始孩子们兴致勃勃、精力充沛，"冲群山狂呼"向顶峰进发。可走了一段路程后孩子们的体力下降，道路也不好走，打起退堂鼓来，这时家长的陪伴和鼓励尤为重要。终于到达目的地，看到眼前的美景，所有的劳累和不满全都烟消云散，"所有的大人跟着孩子们欢呼雀跃"，为美景欢呼，为自己的坚持、努力欢呼。回去的路上似"心有不甘，意犹未尽"，更期待着下一次的到来。

————————

深入黄草梁

> 在登顶的路途中可以慢下脚步，欣赏一下沿途的风景，敞开心扉，享受自然的馈赠。

1

桂宝和王子初上黄草梁，来回6小时，走了10公里，居然没有任何不适。看来，桂宝的爸爸妈妈先前担心的"运动过量"，有些多余。

初上黄草梁，的确"说走就走"，纯属"摸石头过河"。虽一睹了黄草梁的真容，不过是匆匆一瞥。桂宝爸爸对黄草梁情有独钟，一直念念不忘。尤其是受到了众多露营者的激发，按捺不住，琢磨着再上黄草梁，饱览山月和星辰。

"你有露营经验吗？考虑过各种危险没有？还带着孩子去露营，可不能想当然！"桂宝妈妈持保留意见。

王子妈妈倒是不假思索赞同，表示立即就做露营攻略。还说无论如何也得拽上王子爸爸，让他当脚夫背帐篷，弥补初上黄草梁时爽约的损失。

桂宝爸爸和王子妈妈一唱一和，很快确定了露营时间——中秋节。

中秋节，黄草梁，高山草甸，山月，星辰……这些唯美的意象，让桂宝爸爸"聊发少年狂"。向朋友借露营装备，顺便求取露营"真经"，且向资深驴友求教。出乎意料，答复大多涣散军心。

"露营，听起来很美好，实际上相当残酷。十多年前，我露营，半夜暴雨，险些被山洪卷走。"朋友甲至今心有余悸。"老兄，你还带着孩子去露营，那可得三思而后行啊！"

"文艺青年虽然变老了，但文艺始终不老呢。自己想遭罪，何苦还牵扯上孩子？"朋友乙揶揄。

桂宝爸爸不为所动，决意疯狂一回。

2

临近中秋节，大家每天密切关注天气预报。雨雨雨，持续不断，总算浇灭了桂宝爸爸露营的冲动。

"还露什么营？中秋节那三天，大风暴雨黄色预警。要我说，门都别出了，老老实实待在家里吧。"桂宝妈妈应该非常感激这场雨。

"刮风下雨就不出门了？除非下刀子，不然还得按原计划进行。可以不露营，就去那边村子里听听雨，也别有滋味。再说了，广告早就打出去了，孩子们得多失望啊！"桂宝爸爸相当执拗。

"都不敢出门，难得路上不拥堵。风雨中远行，多难得的人生体验呢。"

妈妈忧虑，爸爸坚持，桂宝还是有些惴惴，时不时问询："即使下雨也会出去走走，是吧？"

妈妈不置可否，爸爸异常坚定地说："当然。"

爸爸琢磨，露营确实不可能了，那就退而求其次，再上黄草梁。悄悄买好了奥特曼卡，还带上了风筝。黄草梁上地势开阔，风筝应该可以尽情翱翔。

做好了外出的所有准备，出发前夜，风声、雨声大作。

第二天上午，一家人顶着风雨出发，一路畅通无阻。

一进入门头沟地界，山路极尽蜿蜒，仿若赛车道。雨不算大，并不影响车行。白雾忽浓忽淡，依山势起起落落。连绵不断的高山峡谷，被雨雾缠绕得有了江南的袅娜、婉约。

"我们像是进入画中了。"桂宝惊叹。"爸爸说得对，下雨有下雨的风景。老板家的那个小妹妹应该也在吧？"

"桂宝，妈妈好多年没看见这种美景了，你爸爸坚持顶风作案，看来是值得的。"妈妈喜上眉梢。"我们别大呼小叫了，别影响你爸爸开车。"

"太奢侈了，全北京城的人都躲在家里，就我们几个享受了这一路奇景。这哪里是北方，完全可以和江南媲美。"爸爸小心翼翼驾车，余光浏览着雨中壮景。

风雨一路相伴，临近中午，护送一家三口到达了柏峪院里。

王子一家三口已先行抵达。

故地重游，宾至如归。房东家的小女儿、王子和桂宝熟络得似多年重逢的挚友，惊叫声盖过了庭院里的风声、雨声。

慵懒的午后，孩子们在院子里追逐嬉闹，大人们喝茶、嗑瓜子、闲聊，抑或昏睡。大家不管不顾卸下了所有的牵绊，彻彻底底享受"半日闲"。

入夜，就着雨声吃火锅、烧烤，小院里的角落皆弥漫着世俗人间的烟火滋味。房东的烧烤手艺备受大家赞赏，一回生二回熟，宾客已不分彼此，其乐融融。

王子爸爸不胜酒力，一瓶啤酒就让他倒头便睡。"浊酒一杯喜相逢"的故事，戛然而止。

那一夜的风声、雨声，相当生猛、固执。

3

翌日清晨，风雨停歇。小村像刚刚晾晒的衣服，仍旧滴滴答答。

驾车再次来到黄草梁山麓，一切如同复制了一般。唯一的变化是，队伍里有了王子爸爸。

有王子爸爸领头，桂宝爸爸气定神闲。王子爸爸脚力了得，王子和桂宝根本无法和他拉开距离，三个人组成了先遣部队。桂宝爸爸行进在队伍中间，衔接着落在最后的两位妈妈。

有了上一次的登山经验，桂宝能够熟练运用登山杖了，也适应了崎岖、湿滑的山路，平衡感大大提升，绝少趔趄和摔跤。

三个人一路高声歌唱，胜似闲庭信步。这种天气，驴友们也望而却步。莽苍群山中，确实只有这支挈妇将雏的队伍。歌声沉寂处，唯有树丛间滴落的雨声。

雨，似乎动了恻隐之心，不再穷追不舍。雾，却不依不饶，越积越厚，大军压境一般。大家都穿上了雨披，但桂宝爸爸还是有些担心暴雨倏至。若淋湿了，失温的严重后果不堪设想。然而，"开弓没有回头箭"，只能跟随先头部队继续进发。

或许是王子爸爸带动了士气，这一次行程好像缩短了不少。两个多小时后，接近顶峰。

"加油，到了黄草梁，我买奥特曼卡奖励你们。"桂宝爸爸激励桂宝和王子。

桂宝坚决不相信，但王子眼含热望。

"我们打赌吧，谁要是不相信能买到奥特曼卡，如果买到了就没有他的份儿。"桂宝爸爸一本正经。

王子表示相信，而桂宝还是坚持说："那上面不可能有卖奥特曼卡的。"

"这山里住着神仙呢，神仙觉得你们两个很勇敢，就想送奥特曼卡给你们呢。"桂宝爸爸仍旧煞有介事。

"神仙是编造出来骗小孩儿的。"桂宝看似相当老成。

"你要是不相信你就得不到奥特曼卡。"王子笑嘻嘻提醒。

"那我还是相信吧。"桂宝犹犹豫豫，扭头问爸爸，"您真没有骗人？神仙真的会送奥特曼卡给我们？"

"拭目以待吧，一会儿答案就揭晓了。"爸爸似笑非笑。

……

雨霏霏，黄草梁上雾气愈加浓重。山风猎猎，倒不至于刮得人东倒西歪。桂宝爸爸和王子爸爸试图放风筝，风和水汽让风筝一次次倒栽葱。

这三岔路口，天长日久，被驴友们踩踏出了路标分明的国家步行道。有路标指引，不担心会迷路。上一次止步于此，此次有王子爸爸壮胆，确实没有理由再半途而废。仔细查看了地形图，略微会诊，当机立断，向黄草梁腹地挺进。

终点在哪里？且走且看。

4

羊肠小道，掩映在萋草与灌木之间。雨雾吞没了这高山草甸的辽阔，能见度顶多百余米。山风袭来，雨雾远遁，黄草梁重见天日。然而，寒凉令人不禁哆嗦。

　　王子爸爸开路，桂宝爸爸断后。妇孺们包裹得严严实实，被保护在中间。虽说前路未可知，但不需爬坡上坎，行走还算轻松自在。远山时隐时现，雨声忽起忽落。偶尔，天光放晴，霞光穿过云层，整座黄草梁金光闪闪，霞光万丈。队伍时不时自动静立，壮景迫使大家异口同声惊呼，暂且忘记了寒凉、恐惧和疲惫，沉浸、忘情。

　　午后，居然雨过天晴，燕山的层峦叠嶂尽收眼底。黄草梁身板敦实，高高地隆起在群山之间，沉雄的气势卓尔不群。各个驴友队的引路彩带，兀自飘荡在步道两边的树枝上，那些过客们不羁的性情和豁达的胸襟在风中飒飒。

　　行进中，偶然遇见了一处高耸的巉岩。巉岩上面密密麻麻的涂鸦，俨然是这荒僻草甸上稀有的文化景观。这与远古时代保留下来的岩画，似乎有某种神秘的互通性。王子妈妈骨子里应该有艺术的执着，唯有她兴致勃勃与巉岩涂鸦留影。

　　"我查看了下，这附近应该有长城，还有著名的实心楼。"王子妈妈兴味盎然。

　　天气瞬间翻脸，雨雾重又袭来。队伍行进到某岔路口，王子妈妈说："实心楼就在这附近。"

　　唯恐山雨袭来，桂宝爸爸颇为焦虑，赶紧催促："别去探访长城了，走大路，更保险。"

　　桂宝是长城迷，不由分说，拽着王子妈妈走向了分叉的小道。走了约十来米，就听见两个长城迷惊呼："长城！"

"那应该就是实心楼！"王子妈妈颇有把握。

"众里寻他千百度"，原来，竟然就在这里！

桂宝爸爸有些汗颜，率性而为，往往有意想不到的奇遇；谨小慎微，瞻前顾后，通常错过了又错过。

王子妈妈牵着桂宝骄傲地说："我们是'知心城友'，桂宝是我忘年的'小城友'。"

大家在实心楼附近逗留，眺望四面八方的风景，似乎忘记了天色渐渐暗了，雨雾越来越浓重。

桂宝爸爸赶紧催促大家赶路。

队伍有说有笑，很快抵达了黄草梁、灵山和沿河口的三岔路口。

何去何从？大家颇费踌躇。

王子妈妈提议，向灵山进发，可以抵达河谷，然后，返回柏峪停车场。

王子爸爸和桂宝爸爸坚决否定，理由是：这条路全然未知，不知道走到啥时候。已经是下午2点多了，天黑之前不能返回柏峪，那可就危险了。

桂宝爸爸不停地看天色，一再强调"大概率很快要下雨了"。按原路返回，路程和时间都可控。已知令人心安，未知让人心虚。

山雨欲来，天色幽暗。黄草梁沉着脸，无边的压抑。

桂宝爸爸很少说话，偶尔催促停下来看风景的谁谁谁。

"你是不是很紧张？你别渲染紧张情绪。大家说说笑笑，减缓疲劳，走起来更容易些。"桂宝妈妈低声提醒。

"不能再耽误时间了，天黑之前，必须得走到柏峪停车场。"桂宝爸爸一脸正色。

事实上，有王子爸爸冲锋在前带起节奏，队伍的行进速度不可能缓慢。

谢天谢地，雨，始终欲落未落。

历时 10 小时，步行 25 公里。黄昏欲落时，一行人平平安安回到了柏峪停车场……

"必须为王子和桂宝点赞！"不知是谁提议。

车场里响起了嘹亮的掌声……

精彩
——赏析——

　　本篇是"黄草梁"的终结篇，从计划去黄草梁，到初见黄草梁，再到深入黄草梁，作者用三篇文章为我们描述了黄草梁的美和壮观，路途的险阻无法阻挡大人和孩子们一往无前、不达目的不罢休的毅力。雨中的"黄草梁上雾气愈加浓重。山风猎猎"，天晴后的"黄草梁身板敦实""气势卓尔不群"。因为"山雨欲来"不能在此露营了，但是路途中的喜悦、见识，以及孩子们获得的成长，是黄草梁之行最重要的收获和意义。

风推倒了院墙

> 流浪的猫儿，自由的生命。远远望着它，不靠近，不打扰，这既是发自内心的深爱，也是对生命的尊重和敬畏。

在我遥远的乡村记忆里，猫，似独行侠，没有群居习性。

我所居住的小区，各种毛色的流浪猫时常三五成群穿梭在各个暗角里。尤其是在冬季，它们常常簇拥在某一处落满枯叶的墙根下晒太阳。这些曾经备受呵护的宠物，这些与生俱来的独行侠，一旦被主人逐出家门，竟然改变了生活习性！

邻家男孩懋懋，上小学三年级，是个极顽皮、极机灵的浑小子。和他在楼下邂逅，他总会神秘地拽着我，去看他所结识的那些流浪猫的家。那是一个僻静的地下通道，竟然生活着十来只猫儿。懋懋给每一只猫都取了名字，每只猫都认识他。他时常向爸爸妈妈要零花钱，为猫儿们买吃的。每次看见他和猫儿们的热乎劲儿，以及他温柔的抚摸猫儿们，我便对他多了一份亲近感。这个大家公认的淘

46

气大王，竟然有如此细腻、温情的一面。

受懋懋的影响，我开始用心关注这些流浪猫。下班或上班时，常常绕道去看望它们。偶尔，也会记得给它们捎带一些食物。我没有想到，这些离开了主人的猫，竟然可以活得如此光鲜，没有流露出丝毫被弃宠物常见的那种落魄光景。

我佩服这群猫儿超强的生存能力。

我的车位紧靠着一堵朝北的院墙。院墙外是一片无人问津的白杨林，蒿草紧贴着墙壁肆意生长。车位上空高高的白杨树上，住着一窝大块头的喜鹊。院墙的角落里，保留着一棵奇形怪状的柳树。如果铲除了这棵柳树，至少可以多出两个车位。非常感谢我们小区的物业管理者，他们并非像大多数业主所抱怨的那般唯利是图。不想辜负了柳树的幸存，泊车后我时常在树下转悠转悠。喜鹊们总会在头顶上叽叽喳喳，似与我这个难得的都市闲人打招呼。尽管喜鹊们每天都会冲着我的车拉屎，但我并不生气。都说喜鹊是吉祥的鸟儿，它的粪便我理所当然是应该容忍的。

北方干旱少雨，秋冬时节泊车一夜，车身便落满了细密的一层土。一个月前，我发现我的车头上总有各种各样的爪印，似涂鸦。仔细观察，发现绝对不是喜鹊们的恶作剧，自然就把流浪猫当作了嫌犯。可我四下逡巡，却始终不见猫的踪影。

秋风过处，白杨和柳叶片片凋零，墙角下的蒿草们日渐显露出枯败的容颜。

白露过后，白杨和柳树洗净铅华，素面朝天。每一棵落下了最后一片叶子的树，都是一幅生动的炭笔画。季节确实是不动声色的大师，她默默地为这酷寒的北方点染了一抹简约的韵致。

院墙下，铺满了一层厚厚的黄叶，金灿灿的明黄，天然的华丽。黄叶们连成一片，模糊了每一个画地为牢的车位界线。我只能小心翼翼拨开黄叶，寻找着属于我的那个车位号码"20"。

那夜十点，我驱车进入车场，在幽暗的灯光下摸索半天无果，确实像一个偷车贼。我只好唤来守门的大爷，和他一起清扫了落叶。成堆的落叶，堆在墙根下，像一座小山。害怕引起火灾，不敢将它们焚烧。落叶装饰了简陋、冰冷的院墙，多少会为泊车时的我带来一点点好心情。

某一个周五，清晨六点半，我走进车场。哈气成霜，头顶上还残留有半牙月迹。这披星戴月的情景，竟然令我顿生幸福的感觉。毕竟，还有工作，不会再像若干年前那样忧惧"明天的早餐在哪里"。马达声响起的那一瞬间，车前的枯叶里突然蹿出了一群猫儿，少说有七八只，着实吓了我一跳。哇！这些翻墙而过的精灵们，它们是什么时候找到了这样一个舒适的家呢？原来它们一直把我的车当作跳板，自由出入于这高高的院墙内外。不知道是不是懋懋熟识的那些猫们搬家了，我得领懋懋来确认。

下车仔细查看了车前车下，确信没有任何漏网之猫了，我方才小心翼翼倒车驶离。不免隐隐担心，担心哪一天不小心伤害了这些无家可归的猫儿。还有点儿歉疚，惊扰了猫儿们的酣梦。得向社区管理员汇报汇报，请求他们赶快为这些猫儿们找一个温暖、安全的家。

讲课，开会，和研究生们探讨论文写作，与朋友们打羽毛球……日子就这么周而复始。忙忙碌碌的我，自然很快就忘记了栖身在我车身下的那群猫儿。

那夜，北风在夹层窗外鬼哭狼嚎。我蜷缩在暖气片前，感受不到丝毫凄厉与冷酷。

上午十点，我走进阳光明灿的车场。风，还携带着剩余的怨怒，生疼生疼地打在脸和手上。我裹紧厚厚的棉衣顶着风小跑着奔向车位，猛抬头，一览无余。

我的天啊，院墙竟然不翼而飞！

风推倒了高高的院墙，一片狼藉，我怀疑走错了车场。惴惴地走到车旁，我的天啊，院墙是朝外倒的，我的车逃过一劫。庆幸之余，立即想到了那些猫儿。车前的那堆枯叶，已被风席卷走了。查看车身上方，猫们的涂鸦清晰可见。显然，昨夜它们来这里睡觉了。我的心猛然下坠。蹲下身，我企图找到躲藏在车下的猫儿，但，不见任何猫的踪影。

无意仰望头顶的喜鹊窝，喜鹊们寂然无声。

驱车回学校的路上，我心意沉沉。

"猫是有灵性的动物，它们预知灾难的能力超强，它们一定躲过了这一劫。再说了，院墙是朝外坍塌的，我的车毫发无损，猫们自然安然无恙！"我默默地安慰自己。

要是，要是他们正在院墙上玩耍，或者它们正在院墙外准备越墙而过呢？我不能不如此胡思乱想。为何不早些通知社区管理员？我自责。

现在，我只能自责。

我希望明天早上我能发现我车身上的涂鸦，猫儿们的涂鸦。

精彩 赏析

受邻家男孩懋懋的影响，"我"开始关注流浪猫，"常常绕道去看望它们"，偶尔捎带一些食物。"我"发现流浪猫并没有"落魄光景"，相反它们有很强的生存能力。从这些描写中可以看出作者对流浪猫的佩服，它们没有因为被主人遗弃而"自暴自弃"。作者写车位、围墙、堆积的落叶，是为下文情节的展开做铺垫。流浪猫们躲在落叶堆里取暖，它们以车头为跳板，跳到墙的那一边寻找新的家，写出了猫儿们强大的生存能力。最后，作者笔锋一转，风吹倒了院墙，那些猫儿们呢？它们在哪？是否躲过一劫？给读者留下遐想的空间。

怀念"眼镜"

——给我故乡那位失踪的人

🌸**心灵寄语**

　　流逝的时光里，你我皆为过客，随着时光的消逝都会渐渐融在岁月的尘埃里，但一定会有人始终留在你的记忆中。

　　许多年前村里有两个教书先生，他们都不戴眼镜。有个戴眼镜的，却不识字。

　　"眼镜"姓饶，大名叫正平。他曾在西藏某部当过几年炮兵，据说那儿的风沙特别厉害，伤眼睛。退伍后，他就戴着眼镜回到了雷家湾。因此，大家就叫他"眼镜"。

　　"眼镜"个子不高，身材单薄。他的脸清瘦，总挂着淡淡的笑。他看上去很文气，比村里那两位老师更像老师。

　　翻过摩天嘴就是雷家湾，雷家湾有一片荒山叫冰家崖，是村里放牛的场所。此处无人居住，也不知为何唤作此名。那时候，我在冰家崖伴着我家那头高大壮硕的水牛，挥霍我的童年和少年。

　　我和"眼镜"时常在冰家崖碰面。"眼镜"家的牛性子特烈，我很害怕它。"眼镜"只有两个女儿，女孩儿胆小，不敢放牛。"眼镜"只好忙里偷闲，临时当一当放牛娃。我爱看书，常把牛拴在树丛里。"眼镜"常对我说："书要读好，牛也要放饱，你长大了肯定有出息。"

"眼镜"来放牛的时候，他主动替我看牛，我家的牛也吃得饱饱的。

我喜欢和蔼可亲的"眼镜"，我喜欢他戴的那副眼镜，我喜欢看他脸上的笑，我更喜欢听他说我长大了有出息。

"眼镜"可能也喜欢我，我看书的时候，他常坐在我身边，问我书里都说些什么。有时候他摸着我的头，哄诱我叫他"干爷"。我们那儿称岳父为"干爷"，我说："干爷，那你得帮我放牛。"

后来，我进城上学，我也戴上了眼镜。

那年寒假，我又在冰家崖碰上了"眼镜"。我这才发现，"眼镜"的黑框塑料眼镜很笨拙，一条腿断了，用铁丝系着。我把我的眼镜布给了"眼镜"，"眼镜"绽开了满脸的笑。回到家，我发现"眼镜"偷偷塞了一块钱在我的衣兜里。

我想给"眼镜"买副眼镜，金属架的。

一场重病，我休学，戴着眼镜回到了村里。养病的那些日子，我伴着那头已经步入暮年的水牛，躺在冰家崖的灌木丛中看天上飘浮的白云。童年和少年时的往事潮水般涌现。

我想念"眼镜"，但我没见着他。听说，他出远门去了。为了生计，那年秋天我告别了校园，告别了村头的那棵老桑树。我沿着嘉陵江上溯，离剑阁，西出阳关。那一去，回来时，我已长大成人。

问起"眼镜"，母亲说"眼镜"离家好几年了，杳无音信。有人说他去了兰州，找他分别多年的一位战友。他走的时候带着家里祖传的一件玉器，准备换些钱，因为两个女儿快成人了，该计谋着给他们准备嫁妆。

我借故去了"眼镜"家，他的女人居然还认得我，见了我，很亲热，一提起"眼镜"就抹泪。两个女儿也长成了大姑娘，出落得很标致，像"眼镜"一样斯文。

前年，我去兰州见一位老同学。我徘徊在兰州的街市间，一位戴黑框眼镜的男子引起了我的注意，我不由得想起了我故乡的"眼镜"。我想法与那位男子搭上了话，可是，他那一口纯正的普通话令我神色黯然。

"眼镜"离家距今十年有余，他的女人改嫁了，两个女儿也嫁了人，听说日子过得还不错。村里人很少再提起他，对于他的失踪，说什么的都有。

今年春节，我回到故乡，我家那头老牛已不在了。

我还是去了一趟冰家崖。山崖寂寂，尽是风声。

今夜，我在这座北方城市里读沈从文的作品。翻看沈从文的照片时，看到沈从文戴的那副黑框眼镜，我想起了我故乡的那个戴眼镜的失踪的人。如果他还在人世的话，他也该换了一副新眼镜了吧？

我信手在纸上涂涂抹抹。

"眼镜"，我还想给您买副眼镜，金属架的。

精彩 赏析

本文开篇介绍了"眼镜"是何许人也，"眼镜"这个绰号的来历。因为放牛"我"和"眼镜"相识，他主动替"我"看牛，让"我"好好读书，我们的友谊自此开始。作者对"眼镜"的眼镜进行了细致地描写，是为了下文"我想给'眼镜'买副眼镜，金属架的"做铺垫，这句话在结尾再次出现，前后呼应，也照应了文章题目，表达了对故人的怀念。

坏 人

🌸心灵寄语

在孩子的眼里，你会发现，被喜欢、被依赖和被信任是一件特别容易的事情。陪他们玩，陪他们开心……即使你做得很少，很简单。

傍晚，阵雨欲来，闷热难耐，我便去三楼的空中花园透透气。乌云凝重，海风飒飒，凉意依稀。花园里，人影稀疏，各种成人、儿童娱乐器材兀自静默。一圈圈踽踽独行，间或驻足于一株叫不出名字的阔叶树下，偶尔翻看一枚正面苍翠背面暗红的叶子，深吸几口馥郁的无名花香……

马路边儿上，乞者的二胡悲音将密密匝匝的马达声撕碎。

一个小男孩独自在花园中心的小型游乐场玩耍，爬高跃低，不亦乐乎。我躲在一丛椰子树后，尽量不打扰小男孩的独角戏。

蚂蚁们在搬家，一只鸟儿惊惊慌慌地从头顶飞过。

空气里弥漫着谁家炒菜的香味。

不远处，商场的音乐声芜杂而麻木。

"叔叔，你没什么事儿吗？"小男孩突然跑到我身边。

我一愣，冲他笑笑："是啊，没什么事儿。"

"叔叔，那您陪我玩玩儿！"语气很坚定。

"好啊！玩什么？"

"您跟我来！"

男孩拉着我的手，把我带到滑梯旁。"您快点，急死人了！"

这个自信的孩子！

"您蹲在这里，别动！"男孩把我固定在圆筒滑梯的出口处，迅速爬到滑梯的入口端，头朝下，通过幽暗的圆筒冲我喊："叔叔，您看见我了吗？我在这儿呢！"

不想扫了他的兴，我只好费力地趴在出口处，呼应他。

"喂！您接着！"他话音未落，"啪！"的一声，我的眼镜儿便中了暗器——一辆微型的小轿车。

"您快点儿，把小车子帮我滑上来！听明白了没？"

好霸道的小将军。

"遵命！将军！"我小心翼翼把车往上滑。担心打着他，没敢发全力，总差一点点他才能够着。

三番五次，我额头冒汗。蚊子乘机频繁攻击趴在地上的我。

"您真笨，用点儿力啊！"男孩大声呵斥。

男孩子终于接着了，并迅速将车子沿圆筒壁滑了下来。

　　我再次将车子滑上去，男孩又一次将车子滑下来，如此反复，反复，反反复复。

　　"叔叔，您真棒！一玩儿就会了！"

　　"谢谢夸奖！小将军，你几岁了？"

　　"6岁，上一年级了。"

　　"我还没问你上学的事情呢！将军！"

　　"我提前告诉您不行吗？要不您现在就问我上学没有吧？"

　　我哈哈大笑。

　　"您累不累？要不您到上面来？上面舒服些！"

　　"那可不行。这是专门给小孩玩儿的，我不能趴在上面去哟！"

　　"您为什么不可以？"

　　"因为我是大人呀！将军！"

　　"您在下面玩儿为什么就可以？"

　　"我体重大，会把滑梯弄坏的。将军，你明白了吗？"

　　"哦。那您有多重啊！"

　　"你有多重啊？"

　　"40斤！您呢？"

　　"我是你的3倍多！"

　　"哦，您有120多斤啊？您妈妈给您吃什么了？长那么重！"

　　我很吃惊，他居然会乘法，第一次有人说我"胖"！

　　"我什么都吃，所以就长这么重了！将军。你是不是挑食啊，那可不好！"

"您怎么知道的？您又没去我家？哦。您还是上来玩儿吧，上面舒服些！真的，我不骗您。您别那么胆小，别那么没出息。这儿只有我们两个，没人会批评您的。"

男孩突然"嗖"地一下滑了下来，他的头"咚"的一声撞在我头上。

"没撞着您吧？"

我揉着头，惊魂未定，"我没事儿，将军！你的头不疼？"

"没事没事，我是金刚葫芦娃！"男孩一本正经。"您上去玩吧，真的很好玩儿！"近乎乞求。

盛情难却，我有点心动了。

"您有小孩吗？要不您让您的宝宝下来和我玩儿吧？"男孩拽着我的手摇晃、请求。

"宝！你在哪儿？还不回家！"一个女人气愤地呼喊。

"我在这儿呢！妈妈！"

"你在和谁说话呢？"女人冲了过来，横了我一眼，一把抓住男孩的手，"走，回家！"一边走，一边又狠狠地剜了我一眼。

"我跟叔叔玩滑梯呢！"男孩不情愿离开，扭头看我。

"跟你说了多少次了？不要和不认识的人说话，那多危险！"女人压低了嗓音，拖着男孩仓皇离开。

"那个叔叔不是坏人！"男孩大声争辩。

"坏人脸上又没刻字，你怎么晓得他不是坏人！你要是不听话，被人拐跑了卖了，你就见不到妈妈了！"女人大声呵斥。

男孩不说话了。当他消失在花园小门口时，还扭过头向我挥手。

我假装没看见。

我希望那男孩把我当作坏人！

阵雨，呼啦啦倾盆而来……

精彩赏析

开篇交代天气"阵雨欲来，闷热难耐"，作者去三楼的空中花园透气，因此才有了后面和一个小男孩的一段愉快的玩耍时光。本文的情节是通过对话描写展开的，人物语言符合人物的身份、年龄，"你妈妈给你吃什么了？长那么重！"表现了小男孩的好奇心；"没撞着您吧？"表现了小男孩的善良；"不要和不认识的人说话，那多危险！"表现了母亲的担忧和谨慎。文章最后写阵雨"倾盆而来"，照应了文章的开头，结尾的省略号给读者留下了遐想的空间。

散　步

🌸心灵寄语

> 　　少年充满活力,像野草,可以肆意生长,给原本寥落的土地,带来无限的生机!

　　那个单薄的少年期末考试成绩优异，村街上不时有人忙里偷闲夸赞他。爸爸允许他到镇上的超市随便买东西，这是少年得到的额外奖赏。

　　人到中年的我是此地的过客，全然不懂当地方言。村街上忙忙碌碌的大叔大婶，能勉强说几句普通话的并不多。我和他们的交流仅限于基本的日常问候。少年在镇上的小学读四年级，普通话说得相当流利。少年家距我的住所不远。

　　我坐在院子里晒太阳，看书。偶尔，也钻进院前的暖棚里，感受温室的煦暖。少年无所事事，在我的视线里犹犹豫豫。我不经意冲少年微微一笑，继续马马虎虎看书。阳光很轻柔，偶尔划过院前的电瓶车也很轻柔，趴在脚边一大一小两只狗不时轻柔地蹭我的腿。

我有点儿恍惚：一不小心竟来到了这里，那自然是冥冥之中的定数。

"你看的是什么书？"少年凑到了跟前。

我迟疑了一下，据实相告："《张爱玲散文》。"

"什么是散文？"少年的声音和表情都充满了好奇。

"散文嘛，就是……哦，对了，你写的作文就是散文？"我吞吞吐吐。

"是吗？我们老师怎么没说过作文是散文？"少年半信半疑。

我知道遇上麻烦了，赶紧岔开话题。

"书里都说什么呢？有好玩的故事吗？"少年兴致勃勃。

"这本书不是专门讲故事的……"我语焉不详。

"不讲故事的书有什么意思哦。叔叔，你陪我玩儿吧？"少年总算不再对我的书感兴趣了。

"玩儿什么？"我顺坡下驴。

少年从衣兜里掏出一个毽子递给我，快速跑开，随手抓起院子里的一个空竹筐，站在院子中央，说："你往天上扔哦，我来接。每人扔二十次，看谁接着的多。"

我合上书，站起来，迎着阳光把毽子高高地抛向空中。

少年前后左右蹦跳，很少失手。他满面红光，从不大呼小叫，行动迅速但不莽撞。

轮到我接了，我故意几度失手。

少年同情我，立即降低难度，让我靠近一点，并努力把毽子扔

61

得端端正正。

我累了，示意休息。

少年余兴未尽，赶紧凑到我身前，小声安慰："我们打了个平手哦。你歇会儿，我们再玩一次吧。"

不忍扫了少年的兴，我继续和少年抛接。

许多年没玩过这种单调的游戏了，我确实累了。太阳悄悄偏斜，凉风飕飕而过。我不再搭理少年，钻进暖棚，信手翻阅《张爱玲散文》。

少年跟着进了暖棚，看我读书。

"我们一起读吧，一人读一段。"我说。我想让少年找到阅读的乐趣。

两个人并肩朗读。那些字，少年大多认识。

"我渴了。等等哦，我回去拿饮料。"少年迅速跑出暖棚。

很快，少年抱来好几瓶儿童饮料，还有大白兔奶糖。

"给你，你喝吧，很好喝的。"少年慷慨地随手递给我一瓶。

"我是大人了，不能要小孩子的东西呢。"我认真地推辞。

"你喝吧，很好喝哦。没事的，是我愿意给你的。"少年用力把饮料往我怀里塞。"吃糖吧，很好吃的。我自己买的……我还有好多呢。"

"是你爸爸给你的奖励吧？听说你期末考试成绩很不错，厉害啊，继续努力。"我接过糖果，竖起了大拇指。

少年点了点头，一脸平静。

我们面对面认认真真吃糖，喝饮料，都不说话。

一个蓬头垢面的老奶奶突然探进暖棚，和少年叽里呱啦。

我不明究竟，好奇地看着他们。

少年渐渐沉下了眼睑，要哭不哭的样子。

我赶紧把视线聚焦到书本里。

"他们不让我去看我妈妈是犯法的，是吧？"少年幽幽地说，"妈妈说她又离婚了，是因为奶奶总去她家闹……"

少年的父母离异，母亲再婚后又离了婚，父亲刚刚结婚。母亲家在附近的一个村子里。爷爷奶奶对母亲有偏见，不乐意少年去看母亲。后妈住在另一个村子，父亲入赘。少年和爷爷奶奶生活在一起，偶尔去两个妈妈家小住。爷爷经营农耕拖拉机，早出晚归。奶奶打理菜地，无暇照顾他。他自个儿写作业、看电视、睡觉。

少年有不少至亲的人，但他们都和他保持着需要费力才能够得着的距离。

"清官难断家务事"，我不知该如何安慰少年。幸亏有旁人安慰少年："你现在还小，不要理会大人们的事情……你只管好好读书，等你长大了，有出息了，就知道谁对谁错了……"

少年点了点头，哭意很快消失。

"你会下象棋吗？"少年突然问我。

"会一点。"我说。

我不喜欢抽象思维，只是小时候下过象棋，还停留在懂得规则的水平。

"我们下象棋吧？"少年两眼有了光亮。

"我肯定下不过你。我累了，不想下哟。"我举手投降。

"我回家拿象棋去！"少年扭身跑出了暖棚。

"我让你一个车吧。"少年满头大汗，气喘吁吁。

实在不想让少年失望，我强打精神和少年对垒于楚河汉界。我当然没接受少年的礼让，因为我压根儿就没想赢。没想到几十年不下，棋艺却涨了一点点，和少年对垒倒是游刃有余。

很快，我吃掉了少年的车。少年有点难过，但并未失态。我允许少年悔棋，少年高兴地接受了。我的车不小心撞进少年的马口，少年吃掉车后，说："你悔棋吧，我原谅你。"

双方各赢一盘。第三盘，我明显占优势。我提出和棋，少年欣喜地接受了。休战。少年提议去院子里继续投掷毽子，我应允。两人在院子里玩得不亦乐乎，像一对亲密无间的小伙伴。

"晚饭后你还出去散步吗？我跟你去吧？"少年小心翼翼询问。

"天黑了，你不怕？田野里没什么好玩的呢。"我说。

"我不怕，我可以保护你哦。你去我就去哦。"少年乞求。

我爽快地点了点头。

乡村的夜晚分外沉寂，幸亏有月光。我们漫无目的走在乡村公路上，偶尔有农人骑着电瓶车回家。一辆拖拉机轰隆隆开了过来，少年冲拖拉机上的那个黑影喊"爷爷"。拖拉机放慢了速度，旋即从我们身边开走了。那个黑影好像冲我们点了点头。

我们边走边猜歇后语、玩脑筋急转弯，像父子，更像哥们儿。

"你猜我是做什么的？"我问。

"像个导游？"少年不假思索。

我哈哈大笑。

交谈中，我发现少年懂得很多很多，有点吃惊。

"明天你去哪里玩？"少年问。

"想去大棚里摘草莓。你知道哪里有草莓买不？"我问。

"我知道，我带你去。"少年蹦跳了几下。

"你明天睡懒觉吗？"少年问。

"你呢？"我反问。

"可以不睡呀。"少年说。

"别吹牛，你能早起？"我故意逗少年。

"我保证！"少年信誓旦旦。

月色朦胧，田野寂寂，雾气氤氲，村街上的灯火星星点点。

"你不冷吗？我们回吧。晚上出来要多穿点。"我替少年拉上了羽绒服的拉链。"你一个人晚上就别出来了，不安全，你爷爷奶奶会担心的。"我牵着少年的手絮叨。

少年一声不吭。

少年拾拣起路边的一根竹篙，模仿武侠，张牙舞爪。

"扔了吧，多脏，一根破棍子有啥好玩的？"我说。

"我喜欢，我要拿回家。"少年说。

"你别误伤了我，请你和我保持一米远的距离。"我笑呵呵。

少年拎着棍子，乖乖地跟在我身后。我突然有点不忍，索性纵容少年。我说："我解除警报啦！"

少年跟了上来，和我并行，不再手舞足蹈。

"你什么时候离开这里？"少年问。

"过两天。怎么了？跟我走不呢？"我摸摸少年的头。

"你要是晚走一些时间就好了。"少年语气疲软。

"怎么呢？"

"我四月初过生日，要买大蛋糕的，你吃不上我的生日蛋糕了。去年我过生日，爸爸给我买了个好大好大的蛋糕哦。"少年说。

"说不定我五一还过来玩呢。"

"真的吗？我告诉奶奶，我可以推迟过生日的。"少年提高了声音。

我很感动，用力摸了摸少年的头。

"晚上谁照顾你睡觉？"我问。

"我自己呀。"

"早上谁给你做早餐？"我问。

"我奶奶。"

"爸爸经常打你不？"我问。

"不会。有时候我太不听话了，就打一打。他很少回家呢。"

"你有小伙伴吗？"我问。

"有啊。"

"为什么不跟他们一起玩？"我问。

少年陷入了沉默。

"不能只想着玩哟，要好好学习。"我说。

"我知道……"少年回答。

……

不知不觉间我们来到了少年家的铁栅门前。

少年的爷爷和奶奶还在院子里忙碌，看样子，他们还没做晚饭呢……

精彩赏析

本文是以"我"和少年的对话展开情节的，在对话中让读者了解了少年的情况：父母离异，和爷爷奶奶生活，学习成绩优异。在两人的聊天中，作者插叙了对少年父母的说明，这个插叙很好地衔接了情节，如说到爸爸给的奖励时，少年一脸的平静；"他们不让我去看我妈妈是犯法的，是吧？"少年说这句话时的落寞；奶奶找来后少年"要哭不哭的样子"等，都通过插叙有了解释，这也让少年的人物形象更加丰满立体。

瞬间的蜕变

🌸心灵寄语

　　父亲的血液在我的血管里涌动着，我开始用父亲的尺码丈量自己的人生……

　　父亲 24 岁那年做了父亲，和母亲生下了我。然后，他就去另一座城市上大学。

　　大学毕业后，父亲被分配到远离家乡的城市工作。他是做外贸的，长年奔波在外，很少回家。

　　小时候，我对父亲没什么感觉，也可以说完全没有"父亲"这个概念。父亲偶尔回家，我只当家里来了客人，他不过是一位陌生的"叔叔"而已。那个年纪的我，自然不会明白父亲对于我和我们家的意义。在我的童年时代，父亲就像我转瞬即忘的一道练习题，甚至不可能与我玩过的弹珠或其他什么的相提并论。

　　某一年，父亲探亲回家。他第一次认真地检查我的作业，发现我把作业写得一团糟，考试成绩惨不忍睹。盛怒之下，父亲扇了我一耳光。那是他第一次打我，好像也是他迄今为止最后一次打我。

那时，我正值自我意识和反叛意识疯长的年纪。面对一个"陌生人"的暴力，我自然每一个毛孔都不服气。我哭着质问父亲："你凭什么打我？你有什么资格打我？你经常不在家，我都见不到你，你从来不陪我写作业，从来不陪我玩……"我的质问竟然让父亲化愤怒为微笑，他抚摸着我的脸，向我说"对不起"。

不久，父亲就辞去了工作，调回我们家所在的城市，回到我和妈妈身边。当然，他付出的代价，不仅仅是工资收入少了许多。因为可以和父亲朝夕相处，我们的关系日渐融洽。他不是那种威严的父亲，似乎可以把所有的心思都花在儿子身上。他自然熟悉我所有的学业情况，甚至会全身心陪我玩男孩爱玩的各种东西，包括陪我看我喜欢的电视节目，还能像同学或哥们儿那样和我眉飞色舞地探讨。那些年，我不觉得他是我的父亲，而是把他当作我的同学或哥们儿。都说儿子和父亲之间始终会保持着一种微妙的距离，但父亲和我之间是没有距离的。

自从和父亲日日耳鬓厮磨，彼此太过熟悉。我常常在他面前非常放肆，没大没小，会很自然地叫他的名字。比如，我会像嚷嚷同学那样冲他喊叫"姜华，帮我削铅笔""姜华，帮我拿根香蕉"等等（父亲名叫姜华）。他从不气恼，总是每求必应，似乎很享受我这样叫他。后来，我读到著名作家汪曾祺的散文名篇《多年父子成兄弟》，我更加感念我和父亲之间难能可贵的情缘——是父子，更像兄弟。我和父亲之间除了拥有生理（血缘）意义上的父子关系外，其间还夹杂着"兄弟"情谊，不能不说是前世修得的福分。更为庆幸的是，即或在我处于狂妄不堪的青春叛逆期时，我就明白我有一个幸福的家，我拥有一个兄弟般的好父亲。

大学毕业那年，我在北京找不到合适的工作，一直很郁闷。父亲时常打电话给我，询问我的情况。他总是安慰我说："没关系，不着急，慢慢找。家里还有钱，可以养着你。"父亲平和、自信的话语，安抚了我焦躁的心。作为一个 21 岁的男孩，可以背靠着父亲这座伟岸的大山，我很快就把找不到工作的惆怅抛撒到九霄云外。反正父亲说有能力养着我，我就当自己还在继续读书。

毕业前夕的某一个星期，父亲破例几乎天天都会给我打电话，拉拉扯扯，问这问那。临了，总会问我想不想家，是否需要马上回家一趟。我隐约感觉他有点儿不对劲儿，但处于毕业亢奋情绪中的我并没有深究。某一天，我幡然醒悟，主动打电话给父亲，问他是不是有什么事，他爽朗的笑声扫除了我心头的疑云。不过，我还是多了个心眼儿，打电话询问姑姑，方知父亲的左肺上发现了一个肿瘤，需要开刀治疗。父亲平时很注意保养，身体一直很健康。他有一个同学在医院当院长，他动不动就去那家医院体检。因为可以免费，他常常从头到脚占尽了那家医院的便宜。这一次，为他做体检的是一位实习医生，做得特别仔细，就意外发现了那个肿瘤。

我火速回家。除了父亲，家里所有的人都愁云满面。父亲倒是一如既往的乐观，他安慰大家："不要紧，一个小小的瘤子，多半是良性的，割了就没事了。"父亲的乐观感染了我，我仍旧没感到事态的严重。

父亲是微笑着被推进手术室的。一家人神色凄凉，好似生离死别。我还是没有太大的压力，感觉父亲不过是进去做一次体检而已。可是，当医生打开他的肺部，发现那竟然是一个已经癌变的恶性肿瘤。如果不把整个左肺切除，后果不堪设想。因为需要得到家人的签字认可，父亲的手术暂停了。母亲闻此噩耗，当即就瘫软了，被人扶着都无法勉强站起来。这个一贯很干练、很有主见的女人，一瞬间就六神无主了。她除了哭，只能哭。她已经无法完成在手术书上签字这样的高难度动作。

当父亲被推出手术室时，我看见他浑身上下都插满了各种管子，说话有气无力。那个一向健康、乐观的父亲突然不见了，看上去非常可怜。我的眼泪顿时"哗哗哗"倾盆而下。父亲微笑着对我说："你别哭啊，你哭什么啊，我还没死呢，我还不会死的。我即使死了，你更不能哭啊。因为这个家就交给你了，妹妹和妈妈还需要你照顾呢。"父亲的眼神很坚定，充满了重托和信任。我和他四目相对，那是男人之间的一种发自肺腑的信任和依赖。当他再度被推进手术室时，他依然面带微笑，目光坚定地看着我，还示意我擦去泪水。

那是我第一次撞见父亲目光里的信任和期待。

我战战兢兢在父亲的手术书上签了字。那一瞬间，我感觉自己从男孩变成了男子汉。万一父亲有个三长两短，我说什么也得顶天立地，照顾好妈妈和妹妹。

万幸的是，父亲的手术非常成功。

三年过去了。

而今，48 岁的父亲依旧健康、开朗。24 岁的我在香港某大学硕士毕业后，走上了工作岗位。尽管我在香港的碌碌打拼才刚刚开始，但不管前面有多少风风雨雨坎坎坷坷，我自信我皆能勇敢闯过。因为我在 21 岁那年已成为一个真正的男子汉，更何况我的身后还站着依旧年轻、健康、乐观的兄弟般的父亲。

（本文取材于我的香港学生讲述的亲历故事）

精彩 赏析

本文开头描写了"我"和父亲的"陌生"关系以及父亲打"我"，让读者看到了一个"不负责任"的父亲。接着作者笔锋一转，父亲辞去了高收入的工作，回到了家人身边，把对儿子缺失的陪伴和爱都弥补了回来，成为一个好爸爸。这些描写都是为了后文父亲患病和"我"的成长做铺垫。得病的父亲想要"我"的陪伴，可是无法宣之于口，就天天电话；"我"哭着看着躺在病床上的父亲，那一刻"我""已成为一个真正的男子汉"；父子之间相互信任，相互依赖。

我不认识你，但我记得你

🌸心灵寄语

　　陌生人的善意能治愈人心，仿佛是冬日的阳光，为他人驱散寒冷，带来温暖与希望。

　　时间像沙漏，无情地过滤着我们的记忆。但是，某些不经意遇见的人，所经历的事仍会固执地留存下来。

1

　　15岁那年秋天，我在一座陌生的城市读高中一年级。

　　初次离家，我很不适应住校生活。尤其不习惯出早操，常常胆战心惊地缺勤。

　　一天早上，校长亲自出马逮不出操的"瞌睡虫"。

　　我睡意正浓，上铺的陈平突然掀开我的被子大喊一声："嗨呀，出事儿了，你还睡？"

　　我立即弹起身，胡乱套上衣服，蓬头垢面冲向操场。

黑压压的人群集合在主席台前，校长正凶巴巴地呵斥那些起晚了的学生，督令班主任将他们押送到主席台上亮相。四下里兵荒马乱，情急之下我找不到我所在的班列，只好随便钻进一个班列避难，立即引起了一阵不怀好意的哄笑。

哄笑声中，那个班的班主任站在了我面前。我头皮发麻，两腿哆嗦，低着头，不敢看他，心想：完了！肯定会被他揪到台上去的！

"你是哪个班的？"老师问我了，声音不高也不低。

我不敢回答，腿哆嗦得更厉害了。校长那凶神恶煞的咆哮声，以及陈列在主席台前的"瞌睡虫"们，令我更加惊恐。

"别害怕！告诉我，我帮你找！"他的声音压低了些，朋友般真诚，父亲般慈爱。我紧绷的神经立刻松弛了下来，心里酸酸的，眼泪禁不住喷涌而出……

在那位陌生老师的帮助下，我很快回到了我所在的班列。

从那以后，我再没误过早操。遗憾的是，当时我只看到了他的背影。

多年以后，我长大成人，由南方至北国，碌碌奔走。但我始终忘不了他的背影，还有他那低沉、慈祥的声音。他对我偶然的一次包庇，却让我懂得了什么是宽容。这也成了我长大成人后恪守的做人准则。

老师，我不认识你，但我记得你。

2

大三那年暑假，我在一家电脑公司打工。那天早上起晚了，我手忙脚乱蹬上破旧的单车去上班，没留神在月坛闯了红灯，人和车都被扣押在岗亭下。

"没铃没闸闯红灯，你小子捣什么乱？罚款 10 元！"一个年轻的交警厉声训斥。

围观的人很多，我特别难堪。我嗫嚅着解释，手忙脚乱地掏钱，只望早早脱身。老板很严厉，去晚了我肯定会被炒鱿鱼，作为一个家境并不富裕的学生，我特别珍惜这份工作。可我摸遍了所有的口袋，仅凑得九元六角五分。

"没钱？把车留下，钱找齐了再来取车！"年轻交警一脸鄙夷不屑，根本不容商量。

我心急如焚，只好站着不动。僵持之间，走过来一位五十开外的交警，他支开了年轻交警，然后一声不响从我手中那叠零散的毛票中抽出了 5 元钱，迅速开了罚单，示意我推车走。

"是大学生吧？这车该修修了，小心点儿骑！"他说。

推上车，我向他投以感激的一瞥。那张罚款单我至今还保存着，偶尔翻到它，心里便涌动着暖意。以后，每当我路过月坛，就会不由自主朝岗亭张望。

3

1996 年春节，我回四川探亲，拥挤在由兰州开往成都的列车上。

我是凌晨上的车，车厢里异常拥挤，厕所里都塞满了人。我提着行李，好不容易挤到了车厢的连接处，暗自庆幸终于找到了立足之"地"。

列车摇摇晃晃在黑夜里翻山越岭，我倚着车壁恹恹欲睡。

车过秦岭小站，又是一阵上下车惊心动魄的骚乱之后，一个中学生模样的女孩儿出现在我的视野里。她抱着书包，神色凄惶地夹在一堆乱七八糟的男人中间。她试着往前向后挪动，根本无法动弹。她四下打量着，哀怜的目光落在我的脸上，我的心一颤，情不自禁地伸手把她拽了过来。

一路上，她别无选择挤靠着我，泪流满面。也许是哭累了，她竟然靠在我的身上睡着了。长长的睫毛上挂着晶莹的泪珠，不时抽噎几下。那副毫不戒备的模样，唤醒了我灵魂深处固有的良善。我突然觉得她就是我妹妹，做哥哥的责任感驱散了满身疲惫。我尽可能多给她挤出一点站的空间，尽量让她睡得"舒服"些。

拂晓，车到广元，她该下车了。

我把她抱出车厢，她被前来接她的亲人包围住了，但她并不理会他们，流着泪追着徐徐启动的火车跑，不停地向我挥手……

有一首老歌唱道，"路过的人我早已忘记 / 经过的事已随风而去"，听起来有一种无奈的感伤。但是，有些记忆注定不会因为岁月的流逝而烟消云散，它会时不时牵系着你的意念，一如静夜中明明灭灭的星辰。人海茫茫，我们邂逅。虽然我不认识你，但我还记得你！

精彩赏析

本文讲述了三个平凡的故事，但就是这些微不足道的善意，温暖了我们的内心，"拯救"了我们的仓皇和无助。作者没有用华丽的语言去描述事件、渲染氛围，只是用朴实的语言将情节娓娓道来，文字像涓涓细流悄悄流进读者的心里。文章以"我不认识你，但我记得你"为题，写了三个人物：一位班主任、一位交警，还有一位赶火车的小女孩，那些温暖的善意令人久久难以忘怀，表达了作者对人性的赞美。

夜半敲门声

🌸 **心灵寄语**

> 一段并不符合期待的旅程，一场令人不可思议的遭遇，在作者的脑海中留下了深刻的印象。

浙江是我久仰之地，据说盛产才子美女，婉约、悲怆的越剧亦令我陶醉。春节过后去嘉兴讲课，自然期待多多，初恋情怀蓦然复苏。

当我降临吴越大地，一望无际的长江中下游平原令我莫名惊诧。我想象中的水乡泽国，"烟柳画桥，风帘翠幕"，无法言说的玲珑、秀雅、清丽，断然不应与平原大开大合的粗犷相关。还好，遍地私家小洋楼契合了我印象中的"钱塘自古繁华"。风，小雨，雨夹雪，触目竟是黑白片的况味。长江三角洲板着面孔，似不欢迎我这远道而来的崇拜者。我有些恍惚，疑心上错了航班。这哪里是我少年时曾在古典诗词里单相思过的江南？

讲课地点在嘉兴南湖中学，因为全日制学生还没返校，偌大的校园异常空旷。招待所是一幢八层高的板楼，正对大操场，背朝空荡荡的学生宿舍区。新建的校园一切都是新的，新得没有活人的气息。我何等奢侈，竟然一个人居住在一栋楼房里。房间里所有陈设自然全是新的，但电视机和网络都还没来得及开通。白天上课倒容易消磨。晚上回到属于一个人的一栋楼里，楼前楼后看不见任何人影、听不见任何人声，连数字化的声音也听不见。我甚至怀疑，一入夜，校园里只剩下我一人。我怎么能熬过七个长夜？

居然住的是套间，餐厅、客厅俱全，不过都是摆设。我现在不需要如此巨大的空间，一个带卫生间的卧室足矣。某些时候，空间越小越有安全感。谢天谢地，卫生间和卧室相连。顾不得环保节能什么的，打开客厅、厨房里的灯，紧锁卧室门，告诉自己不到天明绝不打开。倘若楼道里突然响起了脚步声、敲门声，抑或有不明不白的窸窣声，我说不定会打开窗户做自由落体运动。

每次出远门，我习惯随身携带一些闲书，以备不时之需。"人生寂寞好读书"，先贤们早已道出了读书真谛，我正好如法炮制。"冷雨敲窗被未温"，长夜漫漫，两个晚上我就把所带的书读完了。多年来我偶尔失眠，读书便是最见效的自助疗法。

无书可读，我只好向负责接待的工作人员索要了一沓打印纸。第三夜，我便趴在床上信手涂鸦，寻找久违的纸上写作的感觉。不记得有多少年未曾认真写过字了，许多常用的字都写不明白，只能胡乱标记。笔墨竟已跟不上思路，用笔写字何其别扭，如同多年前首次在键盘上写作一样。但是，这是我别无选择的选择。没书看，没电视、网络消磨，忌惮如苦行僧般苦思冥想，如果不想在床上烙饼就只能如此了。

第四天深夜 12 点，我写作正酣，疑似有敲门声。侧耳倾听，确信有人敲门。而且，被敲响的正是客厅外的门。

"我的神哪！"我屏息凝神默默祈祷。

确信不曾做亏心事，但我更确信我确实害怕那正固执响起的敲门声。迄今为止我遭遇的最难熬的三分钟过去了，那敲门声依旧不紧不慢"当当"。终于确定是人在敲门，当然，我并不知道鬼敲门会有什么不同。我只好硬着头皮打开卧室门，走进客厅，突然发现外屋的门竟虚掩着。我所有的头发应该都竖立起来了。我清楚地记得进入卧室之前，仔细检查过外屋的门窗。

"谁？"我想歇斯底里，但我已没有歇斯底里的力气。

没来得及倒吸一口凉气，门"吱嘎"一声被推开了。

"张老师，您有空吗？我想向您请教一些问题。"一个穿着校服的男生站在门口。

"请进！"我竟然镇定自若。

"我听过您的课，也读过您写的书……您能否告诉我，我该怎么办？我学习成绩不怎么好，但我就是喜欢写作，我想当作家。可是，我爸爸妈妈还有老师都说我的想法太幼稚，我应该集中精力考大学……"他面色苍白，双眉紧锁，似有千年难开的郁结。

我安静地听他说了大概半个小时，既因我明白他需要被聆听，又因我需要时间平复浑身的惊悚，还因我需要找到一些不至于让他过分失望的说辞。

直到他确实没什么可说的了，结巴了，开始低头反复扭那双白皙的手，我才接过话茬儿："也许我的回答会让你失望，因为我和你爸爸妈妈老师的观点是一样的。我曾经……和你一样，酷爱文学……"我说得有些吃力。

他抬起头，眼睛一亮，欲言又止。

"你想说你不已经梦想成真了吗？但我要告诉你，作为作家我算不上出色。如果我没读大学，我就不可能获得教师这个工作。相比较而言，我当教师更游刃有余……"我说。

他再次眼睛一亮，欲言又止。

"你是想说韩寒也没上过大学，他现在非常成功，是吧？"我问。

他点了点头。

"你能保证你有韩寒那样的才华吗？即使你不缺少那样的才华，你敢保证你有他那样的机遇吗？一个人很早就有明确的爱好是非常幸运的……"我硬着头皮继续说，"大学是什么？你没身处其中就不应该贸然放弃……再说，上大学并不妨碍你继续做作家梦……我觉得你是以要当作家来为自己不努力学习开脱……"

我实在不知道还能说些什么了。不过，我没有低头、扭手。那一刻，我很讨厌自己，明明黔驴技穷还能装作胸有成竹。

我们都沉默了。整栋楼自然默不作声。江南早春的寒冷令我始料不及。

"我听您的……我试试看……要是我能考上大学，又能当作家，像您一样，我就没烦恼和忧愁了，是吧？"他说。

我喜出望外，冲他微笑，起身拍拍他的肩，说："一切皆有可能，孩子！"

"我选择，我喜欢！"他笑了。

我情不自禁和他用力击掌，然后说再见。

当他的脚步声消失在楼道尽头，我仔仔细细检查门是否锁好。这一次，门，真的无法打开。可是，刚才怎么就自动开了呢？

突然想起他没留下电话号码什么的，也没向我索要联系方式。我竟然没问他叫什么名字，他是怎么知道我住在这里的？他什么时候听过我的课，我一点儿印象都没有。直到今天，我还有些迷惑。

那夜，我一直没睡踏实，半梦半醒之间，总觉得有人在敲门……

精彩 赏析

"黑白片"的景色、空旷的校园、一人独住一栋楼、锁好的门竟然是虚掩的、半夜的敲门声，这些组合在一起，让本文始终萦绕着一丝"恐怖"的气息。更让人惊诧的是深夜12点，"一个穿着校服的男生"来找"我"倾诉少年的心事，我们聊天、击掌、道别，并未互留联系方式，以至于让"我"感觉这就是一场梦。

一辈子就听了您一句话

🌸心灵寄语

我满是埋怨，而你默默无言；我无牵无挂，而你朝思暮念。蓦然回首，思绪万千。

我的妈妈是一个特别传统的女人，完全符合中国贤妻良母的标准。她温柔、柔弱、善良、勤快，不但对所有的长辈孝顺有加，而且对丈夫关怀备至，甚至对我也言听计从，好像从来不曾做过违背我心愿的事。哪怕是我的无理取闹，妈妈皆会一一满足。妈妈拿我没一丁点儿办法，甚至有点儿怕我。凡事一味妥协、退让，无原则顺从他人，是妈妈性格的基调。

亲朋好友、左邻右舍常说，我的长相和妈妈几乎是从一个模子里刻出来的。不过，我的个性和妈妈截然不同，完全是冰火两重天。我性子急、脾气倔，是那种无法形容的倔强。但凡我认准的事，即便在南墙上撞得头破血流都不愿回头。

小时候我非常迷恋上学，小小的我不知何故笃信：一个孩子如果不去上学，那将会是一件非常不可思议的事情。即使生了重病，我也会坚持到校。妈妈自然束手无策，只得提心吊胆任由我拖着病体去学校。因此，那些年爸爸妈妈特别担心我生病。我生病似乎并不可怕，更为可怕的是我的执拗。

上幼儿园大班那年夏天，香港遭遇特大风暴，全港的人好像都待在家里休息，可我依然嚷嚷着要去学校上学。

妈妈苦口婆心："果果，听话啊，幼儿园关门了呢，所有老师和小朋友都在家里躲避暴风雨。今天真的不用上学了哦。"

我哪会听妈妈的劝说，笃定回学校。

妈妈那天正好胃痛得腰都直不起来，根本无法陪着我回学校。妈妈急得眼泪汪汪，可我仍旧不为所动。妈妈知道自己从来不曾战胜过我的倔脾气，只得胆战心惊看着我背着书包走出了家门。

暴风雨确实太凶恶了，走出楼道，小小的我根本无法站直。我挣扎着走了几步，就被风刮倒了，那把心爱的红色小伞也被风刮跑了。我好不容易爬了起来，只能眼巴巴看着小伞被风抢走。没办法，我只好回家。

妈妈喜出望外。可是，也许她无论如何都不会想到，我一进门就说："妈妈，家里还有伞吗？快给我一把伞，我要去上学！"

因为妈妈坚决地说"真的没有伞了"，我才放弃了继续回学校的念头。稍大一点，我明白妈妈欺骗了我。那应该是妈妈唯一一次战胜了我的执拗。

　　我上小学三年级那年妈妈生了重病，我不明白"重病"意味着什么，全然没有意识到妈妈将永远离开我。我照样每天去上学，只是偶尔去医院看看妈妈。和生病的妈妈相比，我自然认为上学肯定更为重要。

　　我每次去看望妈妈，妈妈总是搂着我泪眼汪汪的。

　　我不明白妈妈为什么那么爱哭，又不是小女孩，简直还比不上小小的我呢。我打小就不爱哭鼻子，爷爷奶奶经常夸我坚强得像个小大人。

　　妈妈总是噙着泪对我说："果果，你一定要听爸爸的话，一定要好好读书，将来一定要考上大学。只要你出息了，妈妈在另一个世界就会开开心心的。"

　　考大学，对于那个年龄的我来说实在是太遥远了。反正我对上大学没有任何感觉，而且，我觉得妈妈说的全是废话，简直笑死人了。

　　我当时一定毫不在乎，妈妈一定感觉到了我流露出的鄙夷不屑。那，确实犀利。对于一个行将离开人世的母亲来说，女儿的冷漠是何等残忍的伤害和打击？也许，少不更事的我无意中令病危的母亲雪上加霜。

　　以后若干年，只要一想起当年的情境，我就心意沉沉。恨不能让时光倒流，恨不能狠狠抽自己几个大嘴巴子。

　　"常言道：'女儿是母亲的贴身小棉袄。'而我，究竟充当了妈妈的什么角色呢？"我偶尔会责问自己。

妈妈离开人世后，懵懂的我似乎没有太多的伤痛。我照样一心一意上学，回家就认认真真写作业。然而，没有妈妈的照顾，我的学习成绩很快一落千丈。虽然我还是特别迷恋上学，但我并不把学习当回事。人虽然在学校里，心却不知道在何方飘摇。这种心猿意马浑浑噩噩的状态，一直持续到我上初中二年级。

爸爸很着急，但他不想给我太多的压力。毕竟，爸爸怜惜我没有妈妈。一个没有妈妈的女孩能够健康长大已经相当不错了，学习不好也不会天崩地裂。

某一天我放学回家，独自在银杏路上摇摇晃晃，不知怎么的突然想起了妈妈多年前病重时泪流满面的叮嘱。就像长睡之后猛然被惊醒，我这才意识到妈妈真的永远离开了我，这才意识到其实我一直没有忘记妈妈。更让我难以释怀的是，这辈子我竟然从来没有听过妈妈一句话。

"妈妈给我当妈妈是多么多么失败啊！"我默默地念叨。

也就是在那一瞬间，我便牵肠挂肚地想念妈妈，疯狂地想在妈妈面前做一回乖乖女。可是，"曾经沧海难为水"，所有的心愿都不过是永远的遗憾。

我泪流满面地回到家，爸爸紧张得六神无主。

"爸爸，从现在开始，我要努力学习，考上大学。"我噙着泪向爸爸保证。

像是突然论证出了牛顿定理那样的难题，爸爸高兴得语无伦次。

他反复揉搓着手，说："果果，只要……只要你尽力了……就好……就好……我们果果真的懂事了，长大了……真好……真真好……"

从此，我在愧疚中反省，并化愧疚为前进的动力。我叮嘱自己："这辈子我一定要听妈妈一句话，即使她和我已经阴阳两隔。只有考上了大学，才能满足妈妈的心愿，才算是听过妈妈的话。"

也就是从那一天起，我洗心革面，发愤读书，终于考上了大学。在所有熟悉我的人看来，那真是一个奇迹。

妈妈，这辈子女儿总算听了您一次话，虽然只听了您一句话，虽然是在您去世之后的若干年。您在天之灵一定感受到了吧？您一定在天堂里笑得很欣慰吧？

（本文取材于我的香港学生讲述的亲历故事）

精彩赏析

这是一篇读完会让你泪流满面、会引发你情感共鸣的文章。文中的"我"也是现实中的我们，我们把自己的执拗、坏脾气，甚至是冷漠、不屑都给了最爱我们的人，而我们却浑然不自知。文章开篇描述了妈妈的性格，目的是为后文"我"的执拗和妈妈的包容做铺垫。妈妈临终前对"我"的殷殷期盼，换来的只是"我"的鄙夷不屑，这也是导致"我"后面发奋考上大学，完成妈妈心愿，听了一次妈妈的话的缘由。结尾点题，深化主题。

一里路需要走多久

> 余生，你永远不在我身旁，想你、念你只有在梦里。

1

拆迁通知书从老家辗转到了我手中，我家的老屋很快就会没了。

母亲忐忑不安地问："这一次真的要拆？"

我不敢抬头看母亲，我知道她那深陷的眼窝里早已蓄满泪意。我轻轻拍了拍母亲，欲言又止。

"老屋没了，你妹妹咋回家？"母亲小声嘟囔，声音哽咽。她背转身走进自己的房间，灰白的发丝映衬着日渐佝偻的背影。

近些年，老家的亲朋好友时不时捎来老屋即将拆迁的消息。每一次，我和母亲都会黯然神伤。庆幸的是，谣传一次次化为乌有。明知道老屋迟早逃不脱被拆的命运，此刻捧着拆迁通知书，我仍旧惊悚得如同看见了病危通知书。

　　站在中国地图前，沅江远隔千山万水，耳畔依稀回萦着她低吟浅唱的歌声。守望在江边的那座小城一年年不再是旧时的模样，但她仍旧是我们多年来割舍不下的牵念。

　　15年前，我离开小城来北京上大学。6年前，我流着泪跪在同样流着泪的母亲面前，终于说服了苍老、孤单的她离开小城，跟随我移居北京。尔后，晃晃悠悠一年又一年，大多数亲朋好友先后离开了小城。再回小城，触目尽是陌生，我们竟然成了外乡客。而今，我们那在寂寞中聆听沅江歌声、日渐破败的老屋很快就要没了。物非，人亦非。

　　"妹妹，你真就回不了家了？！"我对着地图喃喃自语。

2

　　"妈妈，我为什么不漂亮？"

　　"丫丫，谁说你不漂亮？我们丫丫是世上最漂亮的！"

　　"妈妈，您骗人。小朋友们都说我不好看，不愿意和我玩儿。妈妈，您为什么不生一个漂亮的我？"那天，八岁的女儿突然悲悲切切地质问我。

　　在大多数父母眼中，自己的女儿无疑是最聪明、最漂亮的。但是，我不得不承认我的女儿的确不漂亮。在成家之前的很多年，我和母亲都生活在没有男性的家中。我渴望生一个小小的男子汉，以慰藉我多年来孱弱的依赖心理。十月怀胎的日子里，我甚至烧香祈祷：

"倘若实在不能恩赐我男孩，一定要赐我一个长相平平的女孩！"

17 年前的那个梦魇之夜，妹妹失踪。父亲心力交瘁悲痛辞世，母亲哭瞎了左眼。满院萧索。亲朋好友大多说我们家遭受的飞来横祸，皆因我有一个漂亮得让老天爷都嫉妒的妹妹。多年来，我只好深信不疑。因此，当我发现女儿相貌平平，竟然心存感激。殊不知我却忽视了：每一个女孩都会梦想成为童话世界中美伦美奂的公主，包括曾经的我。不漂亮，对于女儿来说显然是一种打击。看着哭得心碎的女儿，我手足无措，陷入了不知所之的恍惚。我终于意识到，我不知不觉已患上了"美丽恐惧症"。

那的确是一种不可思议的"病症"！

3

前些年，我时不时打开妹妹那本光彩照人的相册。妹妹 17 岁的美丽，一次次令我扼腕、垂泪。

三年前，我把妹妹的相册存进了银行。我不想长久沉浸于悲伤的往事，也不愿再看见母亲一天天一年年对着妹妹婀娜的笑颜以泪洗面。我竭力清除妹妹的痕迹，竭力隐藏让我们睹物思人的任何物什。我们一直笼罩在妹妹神秘失踪的阴影里，那种苦痛我们已经背负了 17 年！

多年来，我和母亲流着泪反反复复唠叨："这么多年了，我们还能奢望她突然回家？她是我们的冤家，我们不要再想她了！"

我们小心翼翼不再提及妹妹，好像已经把她彻底遗忘。但我们清楚，她的影子仍旧无处不在。

而今，老屋就要拆了，母亲整日坐卧不宁，总是神情抑郁地唠叨："老屋没了，你妹妹回来就找不到家门了……"

母亲又开始夜夜梦见妹妹：妹妹还梳着离家时的马尾辫，凄惶地奔跑在小巷里；有时候妹妹好像找不到我们家的老屋，凄楚地哭声被工地巨大的轰鸣声吞没，满目狼藉的瓦砾、断墙……母亲还说，她有预感，这一次妹妹真的要回来了。母亲一定要回老家去，她要站在家门前那棵也许会幸存的梧桐树下等待风尘仆仆的妹妹回家。

然而，这样的预感母亲已经有过千百次！

4

妹妹小我两岁。从记事起，我就生活在妹妹的阴影里。和妹妹相比，我就是一只不折不扣的丑小鸭。妹妹聪明、伶俐、乖巧、漂亮、大方、善解人意、人见人爱。妹妹 12 岁就考入了省艺术学校，能歌善舞的她是学校歌舞团的台柱子，小小年纪就四处登台演出。妹妹优秀得似乎让父母不偏心都不行，尤其是父亲，一直视她为掌上明珠。直到今天，我仍旧嫉妒妹妹所得到的那种令天地动容的父爱。

因为很小就只身离家去省城读书，练就了妹妹惊人的独立生活能力。以至于在她偶尔回家小住的日子里，我总觉得她才是姐姐。

那一年，妹妹 17 岁，亭亭玉立。我们私下约定：妹妹考北京舞蹈学院，我考中央工艺美术学院，一同去北京发展。

栀子花开的时节，妹妹随艺校歌舞团来我们家所在的小城巡演。当时，妹妹在省内已小有名气，在小城更是家喻户晓。印着妹妹袅娜舞姿和栀子花般笑颜的海报，张贴满了小城的大街小巷。接连两天晚上，妹妹演出完后就跟着爸爸回家。第三天，担任县城电影公司总经理的爸爸出差去了省城，妈妈在丝绸厂值夜班，我在县城中学住读。也就是在那个晚上，妹妹演出完后在回家的路上失踪了。

从电影院大礼堂到我家所住的老屋，不到一里路！

歌舞团负责人说，妹妹跳完独舞《阿细跳月》后卸完妆就说要回家。团里曾安排人送她，妹妹说："不用了，这儿我太熟了，闭着眼睛都能走回去。5分钟就到家了，没事儿！"

有人说看见妹妹钻进了一辆豪华轿车；有人说好像隐约听见巷子里有女孩呼救的声音；有人说看见妹妹坐上了一个很帅气的小伙子的摩托车；有人说妹妹被黑帮绑架了，可能被引渡到了国外；还有人说妹妹被地痞流氓奸杀抛尸沅江……

那时候，有关妹妹失踪的谣传铺天盖地，说什么的都有。报纸、电视台、电台，乃至小城的每一根电线杆，都传递着妹妹失踪的消息。警方也出动了，四处调查取证，不放过任何蛛丝马迹。

等待，等待，泪痕粼粼的等待；期盼，期盼，碎心而绝望的期盼。一天又一天，一天又一天，始终没有妹妹的任何音信。

回家的那一里路，妹妹已经走了 17 年，至今仍旧没有走回家，而且音信杳无。

46 岁，英俊潇洒的父亲一夜间便进入了苍苍暮年。44 岁的母亲哭得无法睁开俏丽的杏眼。老屋沉浸在密不透风的哀伤中。

妹妹失踪半个月后，倔强的父亲不能再待在家中死等了。他听不进任何人的劝阻，毅然辞了公职，动用了家中所有的积蓄，还变卖了所有值钱的家具、电器，只身踏上了漫无目的的找寻之旅。

父亲那一走就是三年。

三年来父亲沉重而执着地走遍了三湘大地，北京、上海、深圳等城市也留下了他匆匆的身影。挺拔的身板佝偻了，两鬓染霜华，光洁、俊朗的面庞千沟万壑。囊中羞涩，两手空空，父亲蓬头垢面回到小巷中，神色怆然地站在老屋门前那棵高大挺拔的梧桐树下。

那时候，已哭瞎了左眼的母亲居然没认出他。母亲已经从巨大的灾难中坚强地站起来了，为了供养我上大学，她拖着羸弱的身躯重回工厂上班。

那是深秋一个昏黄的傍晚，父亲和母亲分别三年后重逢。他们在梧桐树下相拥而泣，满地枯黄的梧桐树叶沉默无语。

父亲说："我不该去出差！"

母亲说："我不该去加班！"

父亲说："不该送她上艺校！"

母亲说："不该让她12岁就离开了家。这些年来，我们并不了解她。我们不知道她在外面的生活，也不知道她都想了些什么，结交了什么朋友。"

父亲说："我不该……我不该……不该……"

母亲说："红颜薄命，那是她命中注定的劫！"

两个人还在哭泣，但已没有泪。

那以后许多空闲的日子里，两个人厮守在空荡荡的老屋里相对无言，只是眼巴巴地望着门前那条狭长的小巷。

母亲说："我们再也不哭了，我们好好过日子。"

父亲木讷地点点头又摇摇头。

母亲说："她和我们没缘分，只能陪我们走一程。"

父亲只是木讷地点点头又摇摇头。

母亲说："没见着尸体，说明她没有死。她一定还活着！她那么聪明的孩子，应该不会吃太多的亏。"

父亲还是木讷地点点头又摇摇头。

母亲说："我们尽力找过她，也对得起她了。我们不再找了，我们还得活下去。要是老天开眼，说不定她自己会回来！"

父亲仍旧木讷地点点头又摇摇头。

母亲突然跪在父亲面前，哀求："老谢，你别这样，你好歹说句话呀。你答应我，我们不再找她了，我们不再想她了，我们好好地活下去！"

父亲吃力地搀扶起母亲，终于含混不清地说："不……不……找……找……找了……"

母亲脸上终于露出了三年来第一丝苦涩的笑意，她差不多已经不会笑了。

就在父亲答应母亲不再寻找妹妹的那天晚上，父亲吃完饭像往常一样依傍在老屋门口，再一次目不转睛地盯着小巷深处。突然，他双腿一弯，瘫倒在家门口。

49岁的父亲突发脑溢血，全身瘫痪，气若游丝。从此，他就没能再站起来。

三年后，父亲恋恋不舍离开了人世。他始终没有闭上眼睛，弥留之际仍巴望着门口。

父亲还在等待妹妹回家！然而，他实在是不能再等下去了！

5

一转身就是17年，17年了。

这一次，我们家的老屋真的就要拆了，我们儿时常常玩耍的那条小巷很快就会消失，说不定老屋门前那棵参天的梧桐树也不能幸免。妹妹没了，父亲没了，小城里我们熟悉的许多亲朋好友或者没了，或者各散五方。小城已向我们下达了最后一道逐客令！我们的乡愁乡情，都将变成随波逐流的浮萍。

我带走了不忍离去的母亲，在北国垒筑起我的巢穴。家的温情一定程度上冲淡了我曾经的忧伤，以及对妹妹和父亲的思念。然而，我知道，母亲的心仍旧踟蹰在不可轮回的旧时光里，她的心仍旧艰难地跋涉在寻找妹妹、父亲，老屋、小巷和梧桐树的路途中。尽管母亲在许多年前曾果敢地说过"不再寻找"。

而今，我时不时还会默默念叨："妹妹，黄土已经尘封了父亲对你的思念。但流失的 17 年岁月，仍旧无法消磨掉母亲盼你回家的渴望！"

我心疼母亲，但我帮不了母亲。

我早已明了，今生和妹妹再见的可能性几乎为零。但我们还是想知道那个夜晚究竟发生了什么。那是一个谜，一个也许天也不知地也不晓、没有谜底的谜！

妹妹突然蒸发了，父亲也蒸发掉了，老屋和小巷即将蒸发……我们不想失去也不能失去的都将失去，不想承受也不能承受的哀痛已经承受。因此，我更加敬畏生命。

我悉心哺育八岁的女儿，心意悱恻地守望着未来长长的日子。不管怎么说，我还会满怀温热和期待，平淡而从容地生活。当然，我还在做着那个痴痴的白日梦：某年某月的某一天，妹妹突然叩响了我家的门铃。那一天，母亲仍健在。我们相拥，细细思量回家的那一里路究竟有多长。

（注：文中的"我"，是作者多年前的邻居。）

精彩
— 赏析 —

第一部分写老家要拆迁了，母亲担心妹妹找不到家，引发读者疑问，为什么会找不到家？第二部分没有给读者解疑，而是跳开话题讲了"我"因为"女儿相貌平平，竟然心存感激"，更加深了读者的疑惑，让人迫不及待地读下去。第三部分是对妹妹的介绍，那个明艳照人的女孩为什么不回家呢？终于在第四部分作者解答了所有的疑问：17年前，美丽、聪明的妹妹失踪了，至今杳无音信。作者细致地描写出了家人的绝望、无助但又心存希望。一里路到底有多长？还要走多久？在未来长长的日子里，"我们"会一直等下去。

———————

一只麻雀的最后五天

🌷心灵寄语

> 寄居在空调洞中的麻雀，误入人类的房间，在惊慌恐惧中奋力扑腾，为房主留下一片狼藉，可是小小的麻雀只是想有一个安全的家，谁又忍心责怪它呢？

结束了五天的太原讲课，回到北京。

打开家门，一片狼藉，状若遭了窃贼，心里咯噔一声。

放下行李，小心翼翼查看，鸟雀羽毛四处散落，沙发、书桌、床单、窗台……洒落着白色的鸟粪——已经硬结。

我曾在《麻雀为邻》一文中提及，我家书房的空调洞孔里，10年前便住着一家子麻雀。在经历了最初一段时间的人鸟大战之后，麻雀和我睦邻友好，相安无事。只是每年都有麻雀不慎从洞壁掉入室内，四下惊慌扑腾，误打乱撞。唯恐小小蜗居遭殃，我们只好赶紧打开窗户，为其放行。

为了回家时有个好心情，临行前我特地耗费了4个小时，仔仔细细做了卫生。

我不禁怒火中烧，用镇纸猛敲洞壁。不见有麻雀惊慌飞离，似重拳砸在了厚厚的棉花堆里。我咬牙切齿，又产生了摧毁麻雀老巢的狠毒。

"等我从武汉回来，看我不给你们点颜色看看！"我默默发誓。

罪魁祸首一定正躲藏在某一个角落，千万别小瞧了麻雀的智商。我赶紧打开所有的纱窗，乞求它赶快滚出我的居所，滚滚滚，越快越好。

虽然旅途劳顿，精神涣散，但我别无选择开始清扫那些私闯民宅的强盗囫囵遗留的污秽。我真的很想骂粗口，但我不想贻笑大方，只得沉默是金，气鼓鼓往来穿梭。

如此多的羽毛，如此多的粪便，似乎不是一只麻雀所为。我甚至疑心我刚刚离开，麻雀们就集体乘虚而入，开一次难得盛大的室内派对。简直欺人太甚，当我怎么都无法清除那些污秽痕迹时，我发誓这一次说什么也得封闭空调洞了，再不能因"妇人之仁"而后患无穷。

最后清理阳台时，我就差没气晕过去。我可怜的花草啊，被鸟粪污染得花容失色、惨不忍睹。还好，它们还活着，总算熬过了没有我的五天。我一边为花草们擦澡，一边又加强了封空调洞的决心。

当我终于清除完了所有的粪便后，我实在是太困了，一躺下就睡了过去，居然还做了一个梦：我在吃力地封空调洞……

一觉醒来，天已黑。洗衣机替我清洗完远行的衣物，我昏头昏脑在阳台上晾挂。模糊中看见地上有一团黑影，蹲下身，原来是一只麻雀瘦小的尸体——没有生蛆，也没有异味。看来，应该是刚死不久。也许，就是在我回家的几个小时前。

可怜的小东西，如果你不在屋里乱飞乱撞，如果你不把自己吓得屁滚尿流，你就能保存一些体力。只要多熬一天，或者半天，或者几个小时，等我回来，你就有救了。阳台上的花盆之间，放着一桶干净的浇花的水。客厅的茶几上放着花生豆、原味葵花子……都是你活命的东西啊。

这些寄居在城市里的麻雀们，竟然还得面对这样的危险？如果我真把空调洞口封了，也许它们能找到更好的归宿！

明天一大早我要去武汉，我一定不要忘记打开书房的纱窗。

但愿，未来几天，北京不会有狂风暴雨。

精彩
—赏析—

作者从外地出差归来，本打算好好休息一下，却发现家里被麻雀弄得一片狼藉，不得不忍着怒气，拖着疲惫的身体清理麻雀留下的粪便和羽毛。等到收拾完了却在阳台意外发现了罪魁祸首——一只麻雀的尸体，作者顿时怒气全消，为这个小小的生命的逝去而感到遗憾，并为自己出门前忘记打开纱窗而自责。本文语言情感丰富，将作者一开始的愤怒到后来的怜悯这一系列的情绪变化描写得十分细腻，麻雀的可恨与可爱也都跃然纸上，令读者在不知不觉中被作者的仁慈所感染，对小动物产生怜悯之情。

_____

观塘又闻鹧鸪声

🪷心灵寄语

　　"行不得也，哥——哥——"，这一声凄凉的鹧鸪叫声，穿越千年，寄托着古往今来多少征人的离愁别绪，凝聚了多少迁客骚人的家国遗恨。

　　初到观塘那天，我不认识任何人。房东离去后，我枯坐在异常闷热的斗室里发呆。不敢想象我是否能在这里熬一年。一年，365天！我甚至觉得，恐怕这个热极潮极闷极的下午都熬不过去。

　　倏然而至的暴风雨送来了些微凉意。雨声刚落，我竟然听见了一种久违的熟悉声音，恰似在陌生的街头蓦然听见有人唤我的乳名。"行不得也，哥——哥——，哥——哥——，哥——哥——"那一声接一声的悲鸣，如同怨妇经年如一日呼唤着薄情的负心郎。这种学名唤作"鹧鸪"的鸟吟，是我在观塘邂逅的第一种熟悉的声音。尽管凄切依旧，我却如遇故交，焦躁的心竟然立即安妥下来。十九岁那年秋晨，我出川后就再没听见过鹧鸪声。鹧鸪凄切的呼唤终年萦回在故乡的山山岭岭溪侧沟畔，陪伴了我孤单、惶惑的童年和少年。西去北往的那些日月，十载寒窗踟蹰，十载职场沉浮，我已将其彻底遗忘，不曾想它却一直活在我记忆的幽谷里。20年岁月淘洗，当年的青葱少年已逼近不惑。那声音竟能穿透时光之壁，哀怨依旧。岁月的潮汐竟然奈何它不得？

"行不得也，哥——哥——，哥——哥——，哥——哥——"鹧鸪声声，声声如昔。少时的我并不知道能发出如此哀音的鸟儿有一个桀骜难懂的名字"鹧鸪"，亦不知晓它曾是古代迁客骚人们寄托羁旅情怀的知音，更不知其早已与中国古代文学史上那些赫赫有名的墨客有过心灵之约。一曲《鹧鸪天》，晏几道和鹧鸪一道名留青史。也许大多数文学爱好者只记住了辛弃疾的"青山遮不住，毕竟东流去"，却忘记了接下来的两句"江晚正愁余，山深闻鹧鸪"。还有"送人发，送人归，白蘋茫茫鹧鸪飞"（唐·张籍《湘江曲》），最直白莫过"鹧鸪声里夕阳西，陌上征人首尽低"（清·尤侗《闻鹧鸪》）。

故乡的人们大多不但不喜欢鹧鸪，而且异常嫌恶它，以至于不屑为它命名，贱称它为"那东西"。多半是因为受不了其凄切的呼唤，有如撕心裂肺般的呻吟，遂视其声为不吉之兆。长辈们常用这种鸟儿来教导孩子，大意为："那东西"懒惰，不好好垒窝。一碰上刮风下雨，粗陋的巢穴易被毁坏，无家可归，故大放悲声，万万不可学"那东西"。寄居大巴山深处的童年岁月，我最害怕听见"那

103

东西"的呼唤。那东西尤爱在晨昏或雨天悲吟，声音格外悠长、凄厉，如泣如诉，声声啼血。为了逃避"那东西"令人坐卧不宁的悲声，年幼的我时常循声驱逐，但每次皆徒劳。说来不可思议，事实上我至今仍未能一睹其庐山真面。它在我的童心世界里如同山中传说的树精山鬼，迷人、恐怖。

19岁那年秋天我一路向西往北，便再没有听见过故乡的这种鸟吟。虽然上大学时时常在古典诗词里遇见"鹧鸪"二字，竟然从未将其与我故乡的那种神秘隐形而声音无处不在的鸟儿相联结。其未能唤醒我并不遥远的少年记忆，的确太过稀罕，难以解释。难道它有意在此地此时等候我，慰解我的落寞不安？挥霍光了20年韶华之后，我怎么就茅塞顿开了？一遇着这种哀吟便复苏了遥远的童年记忆？还自然而然想起了它的学名？

观塘位于九龙半岛，属于香港较为拥挤、喧闹之地。在这市声如潮的街市，鹧鸪的悲鸣竟然可以穿透密密麻麻的马达声。它竟然和我一样走出蜀川，翻山越岭，一路向南，最终栖息在大海尽头。面对香港林立的楼宇，面对太平洋海天一色的柔波，面对肤色混杂的人潮人海，一种鸟儿绝世的哀音竟然能够鹤立鸡群遗世独立。我深信不只有如我这样的异乡客才能听见它的悲声，但有几人能解其中的悲苦我就不敢断言了。不管精卫填海的悲怆是否是神话杜撰，但我坚信鹧鸪一定是某种幽愤、孤绝的灵魂转世。如若不曾遭遇旷世难平的伤痛，那小小的身躯何以能发出如此恢宏的悲声？不知生生世世的呼唤是否可以稀释前世今生郁结的伤痛？

　　而今，我已经熟悉了观塘周边的环境，地铁、公交车站、菜市场、银行和小区花园等日渐烂熟。我还认识了三个轮换看门的大爷。我用微笑同那两个不会说普通话的大爷交流，我会对那位会讲一点点普通话的大爷说"谢谢""您好""天气不错"等。每当"行不得也，哥——哥——，哥——哥——，哥——哥——"响起，我便情不自禁驻足不前，神思万里。那无疑是迄今为止我在观塘最为熟悉的声音，也是最能给我亲切和安慰感的声音。

　　假如观塘不闻鹧鸪声，我恐怕不会这么快就能"既来之，则安之"。当我离开香港那一天，我肯定会带走观塘鹧鸪"行不得也，哥——哥——，哥——哥——，哥——哥——"的声声呼唤。或许猴年马月我还会回到观塘，驻足在天香街口，聆听"行不得也，哥——哥——，哥——哥——，哥——哥——"

精彩赏析

　　当作者坐在异地他乡的一个闷热的斗室中烦闷时，突然听到一声熟悉的鹧鸪啼叫声，这一声凄厉的鸟啼声勾起了作者无限的伤感情绪，是孤独，是乡愁，是对岁月无情、身如浮萍的慨叹。在童年的记忆中，鹧鸪鸟因为叫声过于悲凉而被家乡的人们视为不祥之兆，在文人墨客的诗词中，鹧鸪鸟的意象也常常与各种离愁别绪相关。

离开家乡多年的作者却在这高楼林立、车水马龙的陌生城市里听到那熟悉的悲鸣，这一声鸟鸣除了是记忆中神秘的"那东西"，是文学作品中的意象之外，对于作者来说又赋予了新的意义，使作者在客居他乡的寂寞中得到了一些慰藉。

_____

寒山枫桥

苏州，是文人墨客笔下的江南水乡，是画家笔下的繁华都市，江南文化的精华汇聚于此，留下一座座巧夺天工的江南园林，留下一首首脍炙人口的千古名篇。苏州，既是古典的，又是现代的，它的文化底蕴使它永葆青春。

童年时吟诵张继的《枫桥夜泊》，好奇于一位姓苏的姑妈居然拥有一座城池，那是何等富有？大学的古典文学课堂上，张继不过是李白、杜甫伟岸身躯后的模糊暗影，是一个不再有新鲜感的熟悉的陌生人。工作后，时常孑孑他乡奔走，客栈寂寥、悱恻，夜半钟声隐隐入梦。自然而然时不时与张继隔空喁语，惺惺相惜。千年前的那个月夜，姑苏瑟瑟，寒鸦声凝。孤馆孤灯孤枕，人在旅途，乡关何处，怎一个愁字了得？张继欲说还休，顾左右而言他。寒山寺的钟声穿透遍地孤寂，披着寒气伫立于窗前，看枫树与渔火相对无言，抵愁而眠。千古绝句油然滑落唇齿："月落乌啼霜满天，江枫渔火对愁眠。姑苏城外寒山寺，夜半钟声到客船。"

因为熟悉张继的《枫桥夜泊》，我武断地把张继当作了苏州的代言人。完全忽略了苏州之于张继不过是异乡，甚至是触动其前尘抑郁的伤心之地。不管怎么说，就是因为张继，我便对苏州产生了不可理喻、不可名状的好感。神往中的苏州，烟柳画桥，水榭楼台，古典工笔画般精致、细腻。才子佳人云集，商贾纨绔喧嚣。吴侬软语，温柔富贵乡，堪比人间天堂。

逆着岁月潮汐，我一厢情愿将苏州寄留在某一个古典时期。苏州是一个梦，繁华与清新相谐。苏州是一曲低回婉转的乐音，每一个音符里都荡漾着江南的润泽。苏州是得意时的声色犬马，是落魄时的顾影自怜。想象中的苏州女子，应有可以抵御严寒的千娇百媚，生活在其身边的男子不期然濡染了过剩的柔情……读过不少当代人笔下的苏州，我始终不愿承认她早已与时俱进，现代气息浸透了角角落落，古典韵味仅残留在白墙灰瓦之间。

曾经无论如何不相信有一天自己也会鬓霜发雪，虽然我早已接受了终将暮气沉沉的宿命，但我心中的苏州早已被张继凝固在那28个方块字里，如同童话故事里可以抗拒时间砥砺容颜始终如一的人事物景。苏州早已被我抽象成一个经典的意象，她的能指和所指始终没有改变。

19岁那年我出川后走遍了东西南北，始终无缘拜谒苏州。那里一直没有我必须见的人，亦没有必须去那里做的事，加上始终没有产生了却心愿的冲动，苏州于我始终隔着千载风霜雨雪。见与不见，一切随缘随性，我借此自我安慰。

我的 2012，被一个高明的悬疑小说家蓄意编撰，极尽跌宕之能事。被迫成为男一号的我麻木地将其封尘，不愿再匆匆一瞥。是与非，对与错，喜与悲，醉与醒，沉与浮，只能交付给流逝的岁月洗涤。也许，他年，东逝水，了无痕。哪曾想，2012"柳暗"处，竟有静候我的"花明"。面对北方苍黄的原野，仰望高远寥廓的天宇，每一声沉滞的呼吸里都跌落出沉甸甸的感激。

循着那令我灵魂悸动的光亮，2013 年初，40 年后，我平静地来到苏州。我的脚步不再激越，我的表情不再生动，我的眼神不再晶亮，我的情绪不再大起大落。我似乎濡染了宗教般的静穆，流连在苏州的街市里。夕照悠悠，软语款款，苏州平静地接纳了我。这是我想象中的苏州，我仿佛少小离家，归来时一切依旧。没有距离感，没有陌生感，没有漂泊感，没有过客感……突然惊觉：妥帖我的不是拙政园名扬四海的园林美景，不是虎丘素面朝天的都市田园，亦非几许冲淡点染其间的遍地繁华。苏州是现代的，面对中国任何一个大都市，当不会有低人一等的自卑。难得的是，她摈弃了大都市的喧腾和纷杂。更难得的是，苏州依然是古典的，市井里的一草一木一砖一瓦流泻出端庄、儒雅和恬静。苏州是一个有着鲜明个性的现代化大都市，只需一眼，你就会笃定：这就是苏州！

如果可以，我愿意在此流连，确实可以暂时忘记身前身后红尘滚滚！

尽管我给予了苏州一个外乡人难得的无遮无挡的亲昵感，但我仍旧格外清醒：我不过是怀着郁郁葱葱单相思的过客！我耳闻目睹的苏州不过是表皮，我的感觉难以快速与苏州的机理相融。距离与隔膜始终是存在的，盲人摸象的片面始终是存在的，猎奇猎异的心态始终是存在的。但我宁愿始终保留这份梦中情人的非理性，与苏州匆匆一面。

因张继牵线我迷恋上了苏州，自然而然将驻足于寒山寺。拜谒过不少比寒山寺更为著名的古刹庙宇，唯有寒山寺能激荡起我沉睡的乡关意绪。殊不知我枉有一腔文人情怀，羞于袒露我误读了寒山寺数十年。

去寒山寺的路上，我急切地搜寻那早已铭刻进意念中的所谓"寒山"。那是一座什么样的山？何以伫立在这一望无际的长江中下游平原上？如何唤醒了诗人羁旅天涯的灵感？

"寒山不是山，而是一个僧人的法号，寒山寺因此而得名。"萍水相逢的崔兄说。

惭愧之后我亦释然：纵然这美丽的误读终归是误解，仍旧存留着美好和诗意。瘦水寒山之间，随意蹲伏着一座荒芜小庙，较之于香火旺盛的豪华庙宇显然更富诗意，更契合"独在异乡为异客"的羁旅情绪。在这里，山，乃奢侈之物。我只能臆测：当年云游至此的僧人，或许有茂盛的丘山情结。用"寒山"命名，既能宽解乡思，又能准确注解萍踪浪迹的苦辛。

寒山就这样嘲弄了不求甚解的我。

不过，寒山寺没能安卧在萧瑟的山间，仍旧令我耿耿于怀。没有山作背景，晨钟暮鼓似乎失却了摇曳、依稀和幽远。

我别无选择继而找寻记忆中的那座桥，它的名字叫"枫"。寒山寺的正门处正好突兀着一座高高的单孔石拱桥，横跨在苏州老城河上。站在桥上极目四望，白墙、灰瓦、小桥、流水、飞檐、水榭……古典的苏州韵味扑面而来。一座座精巧、玲珑的小院不动声色地站立在河岸，静立的还有无名的树木（可以断定，它们不是枫树）。桥上镌刻的并非"枫桥"，很明显，它不是张继泊船上岸的那座桥。

崔兄告知，不远处倒是有一个名为枫桥的古镇，似乎从未听说过一座名为"枫"的桥。

也许，当年确实有座枫桥，桥边枫树丛生。然而，千年倥偬，那座桥或坍塌或因河流改道被废弃，桥边的枫树自然难以幸存。物非人亦非之叹油然而生。遗憾之余，更加感念张继，他一不小心见证了寒山寺和枫桥的历史，留给了后来者无尽的神思。

寒山寺烙印着典型的苏州建筑风格，处处流动着婉约与雅致。但是，这并非让我流连忘返的根本。无处不在的文人墨宝，令这小小的寺庙蓬荜生辉。可以断言，那些举足轻重的文人骚客们皆追随《枫桥夜泊》远道而来，虔诚地供奉一炷心香，赴一场隔世的心灵之约。曾经我哀叹文人无用，满腹经纶盖世华章怎抵铁马金戈？千军万马过处，一个王朝瞬间覆盖了另一个王朝。然而，那些不可一世的帝王和他们建立的所谓王朝，终归灰飞烟灭于浩瀚的历史长空。几人还记得他们曾经的辉煌？几人还会为之魂牵梦萦？张继仅凭一首《枫桥夜泊》便永生于一代又一代，从某种意义上说，他成就了寒山小寺，成就了寒山僧，也成就了古典和现代的苏州。

寒山不是山，枫桥亦非桥。寒山僧和张继在千年前留下的偈语无疑是无言的点化——寄有形于无形。作为匆匆过客的我们，谁都带不走任何实体，唯能长相伴的是意念和空灵的感受。将"寒山"和"枫桥"转化为意象，方可相携于漫漫天涯孤旅……

精彩 赏析

张继的《枫桥夜泊》使得寒山寺闻名天下，也使苏州这座古城又增添了一丝魅力。作者因为《枫桥夜泊》这首诗而对苏州这座江南名城心生向往，对它有着种种美好的想象。等到真的来到这里，才知道寒山不是山，枫桥不是桥，寒山寺依旧热闹，枫桥却已不见踪影。现实中的苏州，既有古典的美，也有现代都市的面貌，既凝聚着千年古城的文化底蕴，也在经历着日新月异的变化。苏州留给人们的美好想象，苏州所蕴含着的文化底蕴，苏州的快速发展，使这座千年古城焕发出新的光彩。

一个落雪的午后

💠心灵寄语

在寒冷萧瑟的冬天，欣赏着北国千里冰封、万里雪飘的景色，体会着天地间万籁俱寂的极致孤独，对于常年生活在喧嚣都市的人们，是怎样的一种享受？

早餐时电视新闻说北京下雪了。燕郊阳光熹微，雪落在城区。

暂住地乃一山沟，但并不荒僻。山丘摩肩接踵，兀自绵延。

一种叫不出名字的树不着一枚枯叶，霜白的树皮与苍松残留的淡绿相融，为肃穆的群山点缀了一抹不露声色的俏丽。没有谁能够打扰灰白的天空，没有谁能够惊扰漫山遍野的寂静。

偶然落在几棵高大乔木上的鸟窝，注解了这燕山深冬蛰伏的生机。我偏爱这北方冬日孤绝的冷艳，四野苍苍，呆滞的眸子偶尔划过一瞥令人偏瘫的凌厉。

我初来的那个夜晚，弯月越过小山之巅，栖息于窗前的槐树梢。曾经的长城，似已湮没在塞北猎猎风尘中。"大漠沙如雪，燕山月似钩。"

当年的金戈铁马复活在我记忆中的诗句里，复活在冷月清辉的今夜。

关上所有的灯，索性关了电视，弃绝一切联系，彻头彻尾拥有只有自己的夜晚。周遭冥寂，虫呭、禽哓、畜吟，悉已封冻。唯有树影瑟瑟，月华婆娑。我何等奢侈，恍惚如梦，不忍落墨。

我等待燕郊飘雪，群山雪光月色纷披。虽素面朝天，却难掩低调的华丽。然而，钟期难遇，愚拙、世俗的我，显然不配领略如此圣景。只能轻唱，只能嘲笑自己附庸风雅、东施效颦。

邂逅之后，便是诀别，别无选择。午后，我们这群来自天南海北的人不得不说再见。握手，挥手……所有同时扬起的手似一堵挡风的墙。再一次邂逅，或许在下一个轮回里。下一个轮回，谁知是猴年马月？长江与黄河自于世界屋脊别后，迄今没在中途相遇。海纳百川，虽都归向大海，殊不知，河是河，海是海，河终归不是海。

我在北四环下了大巴车，距离我的家已经不远。蓬头垢面的雪，模糊了我熟悉的记忆。我找不到北，站在泥泞的街边茫然失措。离开不足十天，车水马龙竟令我眩晕。

一个月前西南某小城的朋友来看我，那么年轻的一个人居然害怕过马路。他断言若在此生活十天半个月，一定会崩溃。当时，我窃笑小地方的人仅有鹪鹩之志。此刻，我不得不承认，我甚至难比井底之蛙。

雪，没有飘洒在燕郊，却失魂落魄跌落在噪声蒸腾、浊气葱郁的市区。

我拖着行李箱，裹着厚重的羽绒衣，寻找回家的路……

精彩
—**赏**析——

　　作者在北京郊外一山沟住了几天，一边享受着在寒冷月夜的荒山中独处的乐趣，一边期待着郊区能够下雪，想要领略到"群山雪光月色纷披"的景色，然而终究没有等来雪。回到市区以后，市区果然在下雪，但雪花很快就在都市的车水马龙中融化了。作者此行没有看到真正的雪景，却因为在山沟待了几天，一下子对市区的繁华感到不适应了。带着这种不适应，作者回到了市区的家。本文用短小的篇幅抒发了一种幽微的情绪，表现了城市中的人渴望偶尔逃离喧嚣都市、回归自然怀抱的心愿。

白山黑水东北行

人生最好的旅行，就是在一个陌生的地方，寻回自己，获得一种久违的感动。

1

从未去过东北，但我对东北并不陌生。历史教科书中的东三省，是我少年时的哀叹和愤懑。哀婉、悲愤的《松花江上》，欢快、祥和的《乌苏里船歌》，深沉、磅礴的《嫂子颂》，这些歌曲将"东北"烙印于我心壁。读《林海雪原》，吟"北国风光，千里冰封，万里雪飘"，在"知青文学"中了解到"北大荒"，林海—雪原—长白山—天池—黑土地，美化了我的神往。从赵本山的小品里，感受"二人转"和没有翘舌音、尾音下坠的东北方言。及至去北京上大学，与不少东北人面对面。他们豪爽中夹杂着狡黠，大多能说会道，是天生的幽默大师。和东北人交谈不可太认真，否则，被他们幽了一默还浑然不觉（就是那种被"忽悠"了的感觉）。

暑假如期来临，我成了名副其实的宅男。书读倦了，文章写不下去了，睡得失眠了，球友、牌友们纷纷旅游去了……犹豫再三，还是决定借参加长春儿童文学年会之机，自费去东北旅游。自然而然想起了那里还有我15年不曾见面的大学同窗——窦军，系排球队的球友师弟——窦可阳和张继辉，陌生的东北于我并不生分。

一年难得感冒一次的我，临行前居然上呼吸道感染。每逢出远门，我便会遭此魔咒。身体不适，旅途自然扫兴。胡乱吃了一大把药，企图把微恙憋回去，岂料"欲速则不达"，发声竟殊为艰难。军号已吹响，行装已背好，自然没有打退堂鼓的理由，只好故作轻松踏上旅途。

好友佳宏即将去荷兰访学，我和彦斌在"同一首歌"为他饯行。他目光游离，心事重重，难展欢颜。追问，他方云："想到抛家别子，想到异国他乡的疏离与迷离，就不想走了……"看来我等皆是没出息的"恋家男"，自然为自己远行前必生病找到了病根。20年寒窗消磨，而今固守三尺教台，囿身书斋，模式化的生活已将我们塑造成模具。皓首穷经，墨香书影，不觉间耗损了几多随心所欲的方刚血气。"在家千日好，出门难上难。"因贪图安逸，自然顿生畏惧，以至病毒乘虚而入。我鄙视这文人怯懦、孱弱的痼疾！

去东北的前一天，我驾车送姨夫去机场。他视网膜脱落，在同仁医院做了手术，需回四川静养。手术后的大半年时间，他每天必须保持趴着的姿势，睡觉亦如此。最理想的康复效果，不过是有光感，不至于彻底失明。不能看书报，不能看电视，没有任何社会活动，只能通过听力来获取信息。他的坚毅与乐观，令我钦佩、怜惜，时不时悲从中来。与其忍受如此熬煎，如果可以选择，最幸运的莫过于不降生。后视镜里，姨夫满面笑颜。他说他能感受到北京的巨大变化，和他十多年前见过的北京完全不一样。他还说手术非常成功，他心满意足。他鼓动我开开心心去旅游，能看见就是幸福，更不用说可以看到不曾见过的风景。

撞上门，我只身去东北。空荡荡的家里，锁着令我揪心的几盆花草。花草是有灵性的，再难养的品种，只要我用心，都能在我的蜗居里茂盛、芬芳。花草们每一次枯萎，定然是我月余不归。再三嘱咐邻居代管，可它们终究逃不脱萎靡的宿命。逐一将水浇透，擦净每一片叶子上的灰尘，打开一扇窗户，保证它们能呼吸到新鲜的空气和水汽。"顶多10天，我就回来，你们要坚持住！"我自言自语。

2

惯性和惰性是习以为常的人性弱点。因为一个人习惯向左走，另一个人习惯往右走，比邻而居的男女便不再有擦身而过的缘分。这是台湾绘本作家几米《向左走向右走》所讲述的苦情故事。如果不出游，我的活动直径——家—学校，约15公里，半个小时的车程。

世界的终点和起点，仿佛就是家和学校。沿途的风景，便是"外面的世界"。每周固定的时间我行驶在固定的路途中，组合成这座大得令人抓狂的城市里的车水马龙。每一个红绿灯，每一个凹凸，皆熟稔于心。行走在校园的林荫道上，抑或站在讲台上，有意无意观看一张张青春横溢的面孔，无法讳言自己的憔悴与衰老。更多的时候把自己禁闭在书房里，无数次触碰书页和键盘，年华便无声无息蒸发。

远方、长空、原野、星夜、月华……这些可以诠释时空位移，可以定义苍茫、寥廓的词语和物象，一一在我的惯性和惰性里沉睡，我自然而然沦为"夜郎"或"井底蛙"。四十自然应该不惑，别无选择督促自己淡定、从容，宠辱不惊。再难有源自内心的开怀大笑，更难遇源自灵魂幽宫的深哀，从头到脚包裹着消解、自嘲、麻木等气息。这种要死不活了无生气的中年心态，切，我超级鄙薄！

火车站和机场，是最能改变惯性和惰性的地方。密密麻麻的人影，注解众生实乃芸芸，人海确实茫茫。逼仄的空间被最大化利用，你必须学会等待，必须让时间百无聊赖凝固。时间和空间突然在这里被拉长和浓缩，你突然会感觉到"外面的世界"真的与家居生活迥异。陌生复陌生的面孔大多行色匆匆，清晰地镂刻着焦虑和漠然。不用说，我就是其中的一分子。出游是为寻求自由自在，然而，出行的起点便是以失去自由自在为代价。远离了熟悉的环境，恐惧感潜滋暗长。如同婴孩挣脱出母体的瞬间，大多会因恐惧而号啼。

北上消夏的人如蝼蚁，我只能于早上7点挤上开往长春的动车。很少在凌晨5点起床，加上感冒，昏沉沉似喝得醉醺醺。一看见蜂拥的人群就心烦意乱，扩音器里被放大的没有丝毫水分的声音，反反复复渲染出离别的凄惶气氛。各种噪音和各种混合的气味，令人浑身发紧。好在我已有丰富的历练，早就学会了拉拢"随遇而安""既来之，则安之"等来抚慰自己。

迷迷瞪瞪找到了自己的座位，正欲将行李放在货架上，便招致了呵斥："你走开，那是我们的位置，我刚腾好的！"一个身材高挑、皮肤白皙、明眸皓齿的美女亭亭于眼前，满脸戾气。我面无表情赶紧躲开。早闻东北姑娘的彪悍，今天算是开了眼。隐隐为她可惜，如此漂亮的女孩，如果声音可以稍微温柔一点儿，那才没辜负上苍的厚爱啊！

我好像在发烧，冷汗恣肆淋漓。只好蜷缩着抱紧自己，闭目养神。"大哥，和我换个位置吧。我的座位挨窗户，我们三个是一起的。"一个娇滴滴的声音唤醒了我，竟然是刚才那个厉声瞠目的美女。一个人竟能在瞬间变换出完全不同的面孔，与川剧变脸无异。我麻木、机械地挪开，身体的不适抑制了我所有的感慨。

驶离城区，动车的速度是惊人的。玻璃窗上移动的风景，只能用恍惚来描述。铁轨向远方奔跑的绵绵足迹，即便是逐日的夸父再世亦将自惭形秽。每天沿着固定的路线踟蹰，浑然不觉天何其高远地何其圆方。只有在时空变换的瞬间，才能感受到距离的遥远、时间的流逝、速度的力量，才能感悟出生命存在的别样景象。圣埃克苏佩里之所以能写出蜚声世界的童话经典《小王子》，自然与其作为飞行员的职业体验休戚相关。飞行在浮尘、雾岚之上，自然就能体验到何谓"沧海之一粟"，自然能感悟出存在的孤独本相。仰望星空的小王子，在浩瀚星际间游离，从终点回归起点，以为"爱在别处"的他不得不抱憾而归……

动车进入东北大地，我身体的不适随地形地貌的变换而减缓。这里没有南方山峦的陡峭凌厉峰回路转，没有华北平原一望无垠的单调枯燥，没有内蒙古大草原的苍茫与辽阔，却有一种大开大合的恢宏气势，荡气回肠的跌宕。尤其是坡地，你可以感受它倾斜的力度，但极目四望，没有局促和逼仄，宛如父亲般隆起的脊背。远处的山峦，峰线相当柔和，连绵出穹隆般的图案。漫山遍野的大豆高粱，静穆出一种绿油油的质朴。相间于原野里的树林，挺立出一种简约、清爽的气质。它辽阔，但不缺乏起伏。它跌宕，却没有飞来峰兀立的压迫感。它山清水秀，却不乏男性的阳刚……尽管邻座的长春小伙提醒我，现在不是来东北旅游的绝佳季节，所有的景色似与南方无异。虽然不无道理，但他显然患有"审美疲劳综合征"。不管怎么说，东北就是东北。第一次与东北大地亲密接触的我，心甘情愿，不吝溢美之词。

3

窦军驾车来长春火车站接我。15 年不曾见面，且鲜有联系，并不指望这位当年的个性才子还能念着同窗旧情，自然不敢奢望他能亲自为我当车夫。

应该感念托身为男人，15 年岁月并未将我们风蚀得面目全非。"你没怎么变？"握手时我们不约而同感叹。

"听说你回过北京，为什么不来找我？"我单刀直入，笑盈盈咄咄逼人。

"我很少回北京，好像只回过一次，时间匆忙……"他说。

"下次不管你多忙，你不来找我那是说不过去的……还写诗吗？你的诗相当有灵气……"我抱怨，且不忘赞美。

他的十四行诗曾经写得像模像样。

"早就不写了……"他熟练驾车，语气平和，眉宇间流露出历尽沧桑的淡然。很明显，对于我真诚的赞扬他多少有点受用。

毕业那天，只有我一个人去北京站送他回长春。他刚上车，暴雨滂沱。火车就要开动之际，他突然跳下车，抱着我失声痛哭。我还记得我强行推他上车的粗暴，他也说起我追着火车奔跑的情形。豆蔻年华，同窗之情纯粹、自然。我因为留在北京继续求学，送别一波又一波同学，感受到少年没遮没拦的泪水里淋漓的纯情。

我们 15 年的疏离在回望中烟消云散。

"你的个性、你的张扬呢？我以为你应该是最能折腾的一个，最不容易被驯服的一个呢！"我纳闷儿。

"那还能咋折腾？我一毕业就在《长春日报》工作，直到现在都没挪过窝。听说你曾经在电信公司工作？"他迷惑。

"是啊。我换了四次工作！"我说。

我们的情形应该调换，才不算违背常情常理。只能慨叹造化弄人，人和人的际遇、命运各个不同。我还是难以置信，当年才气毕露的狂狷少年，而今竟然能按部就班、恪尽职守、娶妻生子过着四平八稳的生活。生活中的悖论的确无处不在。

会议主办方不可谓不热情，然而，接待工作顾此失彼，自然令众多与会者难觅宾至如归之感。在火车上就见识过东北女子的粗犷，加上有足够的心理准备，我频频安慰身边的抱怨者，"宾馆服务员说话粗声大气乃本性使然，并无恶意，不要在意，不要因此破坏了好心情……"

我能感受到窦军心安理得的陪伴，还能感受到他无言的惦念。索性客随主便，听他安排。对于长春这座城市，我的感觉并不怎么舒服。像所有的大都市一样，它亦鲜有美感。出奇的闷热，令我始料不及。在这以冰雪气候为主之地，空调自然不够现代。我不断提醒自己，入乡随俗，不抱怨才能不拒斥，才能自在逍遥。

晚宴时遇见了学弟窦可阳和张继辉。可阳在吉林大学任教，他英语一流，即将赴美访学。帅哥继辉帅气有增无减，是东北师范大学附属中学的骨干教师。还有窦军的高中同学崔博士……15年过后，大家似都没有改变，再一次庆幸身为男性。没想到他们喝酒相当随意、温和，不见丝毫传说中的匪气，颇对我的脾性。畅谈甚欢，只怨我嗓子不争气，难以尽兴。因为曾是球友，自然绕不开运动话题。玩不动篮球了，打排球凑不够人数，只好相约打羽毛球。喝没喝酒不要紧，感冒好没好也不要紧，到球场上重温大学时光最吸引人。明知身体状况不宜大运动量，还是突发少年轻狂，哄骗自己"出出汗感冒就好了"。脱离了参会代表团，放弃了游览伪皇宫。羽毛球场上的刀光剑影，便是最好的交流。能玩到一起，既是缘分，亦属知音。最尴尬的，莫过于无话可说，无事可做。

球罢合影，下一次相遇知是何年？已经再逢，犹能在能跑能跳的年龄邂逅球场，已属三生有幸。彼此会心的笑容，流泻出的不仅仅是举重若轻的超然。

4

我必须坦白，学术会议的最大收获不在会议本身，而在于可以结识新朋友、与故交叙旧、畅游当地名胜山川。三天会议结束，代表团一行近百人奔赴长白山天池。

一路好风景，我自然没有睡意和倦意。一些人抱怨大半天车程相当辛苦，我倒安之若素。事实上，旅途的目的地并非终极所望，"在路上"才是旅行的本真。不能奢望能在每一处停留，我们只能是匆匆过客，白驹过隙，"天地一沙鸥"而已，惊鸿一瞥至少属半生缘。车窗外的东北大地，竟与我无数次的想象大致相似，似曾相识之感油然而生。辽阔、沉雄、俊朗，是百分百的雄性，却剔除了蛮荒，葆有一缕南国后生的清秀。

来自湖南岳阳的方先义兄同样没有倦意，找我聊天。一边流连呼啸而过的原野，一边与萍水相逢的他交谈，很快便找到了"酒逢知己千杯少"的感觉。旅途中能遇见合适的玩伴，实乃大幸。身边若有心不在焉、心急火燎的同伴，倒不如踽踽独行。他居岳阳小城，还能保持浓郁的人文气息，殊为不易。见过太多随波逐流的同学、朋友，一旦远离大都市，很快就彻底融入市井生活。书不读了，文章不写了，理想和抱负丢弃于荒郊野岭，于声色犬马中自娱自耗。看见先义兄，我自然想起了20年前踌躇满志不甘沉沦的自己。

夜宿白桦林小屋，似找寻到了蒋大为演唱的《北国之春》的原型。我刚上初中那阵儿，蒋大为的歌声飞跃大江南北，《北国之春》是我的至爱。而后，我由南方至北方，成为北国的一只留鸟。思乡时，便会情不自禁哼唱《北国之春》。旋律虽说不上荡气回肠，却有"欲说还休"之意。歌词倒是绝佳，自然、质朴，意味深长。把自己置换成歌词里的那个男主角，低吟浅唱之时，神思早已穿越千山万水，流连于日渐生疏的故乡……我们住在宾馆的最高层，伫立窗前，亭亭白桦林上方碧空悠悠。白桦林前，小木屋和水车在倏然而至的山雨里静默……所有的物象皆与歌曲《北国之春》契合，可见旅游开发者的匠心。

头一次在客栈的床铺里倒头便入睡，真可谓"直把他乡作故乡"。凌晨五时醒来，窗外晨曦粲然。白桦林在微凉的晨露中兀立，唯有这种树才配得上"玉树临风"的雅号。小木屋和水车，虽说是虚拟的符号，仍能散点透视出林区生活的原生态。我们已然置身长白山腹地，却不能一睹其传说中的全景全貌，还有山顶的旖旎的火山湖——天池。一路上，导游多次强调，看见天池真容需要缘分，某某重量级人物三次访天池而不遇。

应该是一个艳阳天，我们应该和天池有一面之缘，我笃信。

游览车在山林间盘旋，密密匝匝的针叶林宛如仙风道骨的隐士，飘逸、优雅。海拔升高，植被景观各异。半山腰往上，便是高寒草甸。奔驰越野车在狭窄、迂回的石块路基上做惊险的大回环，这些导游司机如果有机会参加赛车比赛，应该能取得相当不错的名次。来自重庆开县的儿童文学作家王玳轩先生六旬开外，仍葆有孩童般的欣悦和激越，情不自禁惊呼"太美了"。长白山随山势的陡升渐渐露出了真面目，我不得不用老掉牙的"巍峨""雄浑"凑合着加以形容。山顶，是火山喷发过后遗留的万古洪荒，壁立千仞赤红的火山岩无声诉说着那个亘古的创世传说。沧海尚可以变桑田，浩瀚原始森林瞬间可以被沉埋，变成化石、石油或其他能源，在撼天动地的地质灾难面前，人类甚至不如草芥。从汶川地震到玉树地震，人到中年的我流过太多太多的泪，尽管我知道我的悲悯无足轻重。

云开雾散之后，火山湖——天池素面朝天。很遗憾，我无法用语言来形容她的澄静、俏丽和冷艳。不能下到湖边，只能远观。游客如蚁，我只能在缝隙里捕捉她的倩影。我不知道有几人会追问，如此遗世独立的美丽，竟然诞生于一场乾坤颠倒的灾难。美丽和痛苦似乎如影随形，如同断臂的维纳斯，被缚的普罗米修斯。古地质学研究成果表明，年轻的地球曾经历过无数次灾难，而更为年轻的我们与微不足道的蜉蝣并无质的区别。面对天池无与伦比的美丽，我恐惧，我惊悚，我绝望。我不想，一直就不想，只是匆匆过客。我想不朽，我想永恒，我想超越所有生灵在劫难逃的悲剧宿命，但我知道我不过是痴心妄想。

站在天池之巅，我刻意没有频频拍照，刻意甩开同伴，我需要片刻的独处与沉思，我想告慰那些在温州动车事故中的遇难者，人为的悲剧已无法更改，魂归天国已成定局。难以含笑九泉的你们，尚有一丝慰藉：我们终会殊途同归，连同我们缔造的浸透了斑斑血泪的辉煌的地球文明……

乌云滚滚，雾岚横淫，天池快速隐匿。团友们惊惶分散，只见我年逾花甲的师伯——吴其南先生孩童般的笑颜绽放在近旁。

"师伯，要下雨了，我们赶紧下山！"

我在前面开路，师伯矫健跟上，似少年般轻灵……

我还会去东北，一定是在冬季。

精彩
——赏析——

　　本文开篇介绍了去东北旅游的缘由：倦了、累了、失眠了。当踏上开往他乡的列车，拥挤的人群、不适的身体，都在看见窗外的景色时得到了抚慰。第三部分老友相见，15 年的岁月没有让我们疏离、陌生，谈话间仿若回到了青葱的学生时代。往事不可追，期待下一次重逢。最后一部分描写了长白山的天池，也给此次白山黑水的东北之行画上了完美的句号。

隔岸的宋庄

🌸**心灵寄语**

> 宋庄很近，艺术不远，对美的追求本就是我们生活的一部分。

宋庄，京东平原上的一个小村镇，原本普通得不足道哉。它距离皇城不过 50 公里，千百年来皇家的车辙马蹄似乎从不曾幸临，始终是寻常巷陌。20 世纪末，当北京城轰轰隆隆鲸吞四面、蚕食八方，它仍旧不改孤寂、清闲的乡村本色。因"京城米贵，居大不易"，某一天一个落魄的画家浪迹至此，相中了低廉的房租或者其他，继续调色缤纷的梦想，继续仰望并不遥远的京城。一定不会有人知道他（她）姓什名谁，如今去了哪里，可否功成名就。画家本人肯定也不知道，是他（她）改写了宋庄的命运。

不可否认，他（她）幸临了宋庄。很快，天南海北的画家纷至沓来，用相似的贫困和相同的梦想彼此安慰、取暖。身形不同、口音不同、风格不同、流派不同、审美标准不同、艺术功力不同……

这些似乎都没那么重要，重要的是"物以类聚，人以群分"。心性相通就能获得巨大的心理支撑，一个人的战斗终归孤单、无助。顶多不过三五年工夫，宋庄便有了堂皇的别称——画家村，声名鹊起，风头已经盖过世界闻名的"北京798"。中国的工笔画和写意画，西方的油画，印象派、意象派，还有令人咋舌的现代派……这里不愧是中国绘画的集散地！不管你是哪一类绘画发烧友，即或是抱着猎奇心态的过客，一定能在此找到驻足的理由。欲渔利的掮客和经济人来了，欲接受艺术熏陶的文艺青年来了，懂行的藏家来了，财大气粗的老板和趾高气扬的官员来了，金发碧眼的老外也来了……宋庄似乎一夜之间便门庭若市。四时都有画展，天价与地摊货并存。只需一幅画卖出好价格，数十年的寒酸和焦虑便烟消云散。一旦化蛹为蝶，宋庄便不再是梁园。即便隐居于更为偏僻之地，一定会有慕名而来的买家。实在画不出名堂，实在是因"画高和寡""江郎才尽"，抑或时运不济，那就索性乐天知命。开一个小饭馆，卖几盘私家菜，"谈笑有画友，往来皆画家"，亦能慰藉不老不死的绘画梦。私家菜馆、咖啡馆、小酒吧等如雨后春笋，宋庄的平民风景随处可见。

据说，如今宋庄单单常驻画家就有万余人。走在宋庄蓬头垢面的街头，你偶然撞见的那个蓬头垢面的人很可能已经蜚声画坛。那些冰冷的红砖墙上灵气丰沛的涂鸦，那些类似于酒幡的广告画和创意丰盈的画室招牌，或许出自某个未来巨擘之手。窄门、矮窗前的一草一木都漫溢出主人葱郁的艺术才情。除非是艺术节，慕名而来的游客还不算多，宋庄仍旧保留着小镇的闲适和悠然。行走在曲里拐弯错落有致的艺术区，随性在一个个画家工作室里流连，看看一幅幅倾注了审美冲动的画作，看看那些衣衫素朴双手沾满颜料满面凝重的画家，尊重和敬畏油然而生。那是怎样一双粗糙的手，是怎样在这简陋、清冷的画室里画出了五颜六色的激情和梦想？所有伟大杰作的诞生必然会经历暗淡甚至龌龊，如同天使般婴儿的诞生必须经历分娩的血腥、残酷和虐心。行走在这里，你沉睡多年的艺术细胞也许会自然苏醒，遗落在纯真年代里的那些有关七彩蜡笔的记忆一定会风起云涌。涂鸦，是每个人成长之初的欲望本能。只有那些对颜色异常敏感、坚执的人，才能将本能转化为诗意，才能激情常在，才能"随意""随性"涂抹出令人震惊的感觉和体验。

我与画家刘哥比邻而居十多年了，他主攻油画，一直想在宋庄拥有一间属于自己的画室。好多年来我不怎么能理解他，常以门外汉的自以为是暗忖：只要想画了，在哪里不能画？非得去宋庄？为了生计，他不得不将主要精力用于动漫制作，曾是央视热播的《大闹天宫》的主创人员之一。偶有闲暇，也不见他画画，倒是常见他独酌，冷静的面庞上镌刻着一丝不易觉察的焦虑——那应是他始终未能淋漓挥洒的颜料情绪，抑或是未能释怀的空灵意象。我曾跟随他去"798"附庸风雅，听他讲解色彩与线条建构的世界里的洞天。

那确实是一个神秘的世界，颜色、线条、透视、点染、留白……一系列具有隐喻意味的符号赋予画画某种巫性特质，我竭尽全力始终无法解魅，不得不抱怨造物主厚他薄我——我至今借助直尺和圆规居然无法画出平直的线条和具有美感的圆。

刘哥不善言辞，沉思始终镌刻在棱角分明的脸上，一眼看上去就有艺术家风范，并非他留着长发。某年冬夜凌晨，突然接到他的电话，相约去酒吧喝酒。我酒量有限，且作息相当规律。向来涵养极高的他，如此之举显然超出常规。我猜想他一定遭遇了精神危机，破例陪他买醉。我们喝到凌晨 2 点才相互支撑步履蹒跚走出酒吧，寒气逼人，但他执意步行回家。大街上空空荡荡，放眼是坚硬的霜白。一路上他扯开嗓子号叫，堪比凄厉的狼嚎。我知道他不愿出卖艺术，为了生计又不得不屈身于各个动漫公司，做着"为五斗米折腰"的所谓艺术总监。艺术家的偏执不是我等凡夫俗子所能改变的，我当然不知道该如何安慰他，只能默默地陪着他在街头漫无目的地溜达，陪他嘶喊出压抑已久的情绪……我一直隐隐替他担心，华年似水流，他什么时候才能找回属于自己的创作时间？什么时候才能偏安于梦想中的画室？

近些年我亦动荡、惶惑，闲暇时多沉醉于打球、打牌，和刘哥鲜有推杯把盏的机缘。忽一日接到他的电话，他已在宋庄安营扎寨，邀请我去他的画室坐坐。语气淡然、平和，却多了一丝生气。若画作无人问津，注定穷困潦倒。我清楚迈出这一步需要多大的勇气，但我更明白迈不出这一步注定郁郁、焦灼一生。替他捏一把汗，也替他欣喜。毕竟，有了行动才会有希望。那是十月末一个北风萧瑟的上午，我第一次走进宋庄。四处横陈着质朴的平民色彩，这里的一切都其貌不扬看不出"人杰地灵"的端倪。但是，一切似乎又与市井保持着恰到好处的距离。虽是小镇，但听不见鸡鸣狗吠，甚至闻不见小镇固有的油烟混杂的市井气息。这里的安静也恰到好处，不会令人顿生孤寂，是那种令人心安理得的静，是终于挣脱了喧嚣围困之后急欲获得的那种清净。站在刘哥的画室楼下我看见他浑身散发出的恬静和安然，多年来我所熟悉的凝重已经无影无踪。走进他的画室，开放的空间似乎打开了思维的禁锢。当他握着画笔，独自面对这有边界的空旷，一定能让神思和浮想徜徉。时间融汇在他的调色板上，空间浓缩在他的笔墨里，焦虑稀释在他的画面中，惬意流淌在一幅幅精雕细琢的画作间。我总算明白了为什么他心心念念想拥有属于自己的独立画室。画室就是他的城堡，是灵与肉尽情铺展的时空，是无所羁绊的自由世界，是救赎与皈依之所！因为孩子才5个月，我们不便在宋庄过夜。我的文青情怀瞬间泛滥，我想一睹宋庄作为画家村的夜色。我和宋庄绝对不可能仅有这匆匆一面之缘！

我加入"京师羽版"不觉已经四年，每周六下午和一帮职业、心性大致相同的朋友打羽毛球，每逢节假日聚餐、打牌、自驾……他们大多理工出身，处理事情亦具有理工的缜密和果断。兴许是沾染了他们的福气，几年间我收获了爱情和家庭。我和这个圈子里的大多数家庭都保持着等距离，但不管和谁在一起干什么都自由自在。我不是玩家，一直跟着他们玩。2015年元旦，我破例煽动他们去宋庄一游。出乎意料，居然召集了30号人马。午后，我们奔赴宋庄，各自散落在摩肩接踵的画室里。

旧地重游，我竟然没有审美疲劳。我惊奇地发现，这里的画家大多相当随和、平易近人，像宋庄一样低调、质朴。率性问了些属"科普"级别的问题，也凭着直觉感受风格的差异。每个人都在寻求自己的表达方式，普通人用口语喋喋，作家用文字铺陈，画家则用颜料和线条渲染……没有哪一位艺术家不是孤独的，如若体悟不到极致的孤独，断然不能创生出伟大的作品。因为无法在现实生活中找到知音，只能寄情于文字或颜料，只能在另一个世界里寻求慰灵安魂的机缘。于是，他们选择了可以容纳孤独的宋庄，选择了一方斗室，经年如一日涂涂抹抹。他们并非清心寡欲的僧侣或修行者，他们依然是尘俗中的红男绿女，他们依旧需要世俗的赞美和关怀。他们自然可以接纳我们的叨扰，可以容忍我们的艺术幼稚，心安理得和一群无法深度对话的过客交流。那位移情于江南乡村的王画家，当他端坐在古筝前握画笔的手随意弹拨出一曲温婉、柔曼的《茉莉花》，和他的画风异曲同工。那位憨厚质朴的河北画家，与他所画的粗粝的北国乡村风光浑然一体。我不知道他们在画坛居于何种位置，不艳羡名流的我真心钦佩他们，真心求合影留念。他们身上蕴藉着一种神秘的气质，那应该用更神秘更抽象的"艺术"来界定。

入夜，我们围坐在"云水莲"四合院里，就着湖南特色的私家菜谈笑畅饮。酒酣，中途离席送当夜返回市区的郭教授夫妇，索性独自在艺术区里溜达。这是我所熟悉的乡村夜色，说不上万籁俱寂，确实与不远处的市区形成泾渭的分野。四处是本色的昏暗，幽微的路灯似已被昏暗吞没。头顶数颗星星铺洒在稀薄的月华里，与宋庄保持着暧昧的距离。窄窗里满溢出迷离的灯影，还有摇曳在窗前的身影，构成了一幅素雅的画面。这里，每一寸寒冽的夜色里似乎都游弋着艺术的精魂，我确实是一个笨拙的局外人、一个痴迷的过客。四十多年来我一直在纷扰和焦虑中沉浮，我需要获得这样的冷却与沉淀。

宋庄，只属于平民画家，只属于那些耐得住寂寞和清苦的追梦人。

宋庄，是尘俗中孤绝的一片艺海。而我，只能隔岸张望。

返回云水莲，酒宴已近尾声，我偶然听见了今夜宋庄最动人的情话："老婆，希望你每天都有好心情！"那是惜话如金的物理系杨教授的真情告白。他的夫人瞬间泪眼迷蒙。哄笑声中他们局促地喝交杯酒，女儿笑呵呵地看着他们，稚气的小脸上清晰地写着"幸福"！

精彩
——**赏**析——

　　作者并未对宋庄着很多的笔墨描写，即使是写"蓬头垢面的街头""灵气丰沛的涂鸦""简陋、清冷的画室"，其实也是透过这些去写它们背后的画家。作者写了自己身边的画家刘哥，他的身上有很多画家的缩影，为了生活去做很多自己不喜欢的工作，过得不快乐、不"自由"，最终选择宋庄，回归本心。本文没有用强烈的情感去表达，去倾诉，只是将宋庄那"耐得住寂寞和清苦的追梦人"娓娓道来。

——————

烟雨太湖二泉吟

> 软糯江南，烟雨太湖，一曲凄婉动人的《二泉映月》。

第一次听二胡曲《二泉映月》是在 19 岁那年冬夜，我在西北边陲一间土坯屋里守着一团炉火。那时候我不知阿炳是谁，更不知这首世界名曲早已超越了国界。我瞬间就被捆绑住了，呼吸不畅。旋律低沉、幽咽，欲说还休，而又无可奈何通达。我始觉音乐绵韧、强悍的穿透力，还有灵魂痉挛的滋味。以后若干年，或落寞，或欢欣，抑或百无聊赖，就想听它，却又害怕听。越是害怕，愈加渴望。有意无意搜集到了与阿炳相关的许多信息——无锡、太湖、惠山、天下第二泉……这些与我没有任何世俗纠葛的地名，竟成神往之所。那是怎样的江南？何等钟灵毓秀？哺育了如此灵性的音符！那个贫病交加的盲人经历了怎样的颠沛流离、品尝了怎样的苦寒才拨弄出了如此沉郁的绝响？听了一遍一遍又一遍，过了一年一年又一年，低回的旋律悄悄渗入我的无意识。二胡最擅奏鸣绝美的哀音，听多了伤心又伤身。《二泉映月》无疑是孤绝的哀乐，断肠且断魂。年岁渐长，我不再轻易碰触它。

不知不觉《二泉映月》陪伴我从青葱到不惑，阿炳曾经流离过的那片土地竟成了我未解的心结。我不够率性，从来不曾说走就走去旅行。一直未能找到去无锡的功利理由，只能默默地为阿炳点燃一炷心香。2014年的初冬，我终于得以名正言顺成行。既因做讲座，还因那里有我的文友李志伟兄。作为职业作家，他很忙。但他说："你来，我可以不忙！我最近最重要的一件事就是参加马拉松，之后最重要的事就是等你来啦。"

我和志伟十多年前就认识，但真正交心是在2012年的滇西笔会。一路上他不怎么合群，但在腾冲的那个夜晚他竟然主动约我谈心。彼此坦陈现实的种种困厄，很快缩短了心理距离。一别两年，各自南北沉浮，绝少联络。我的生活已翻天覆地，他是否走出了心灵的泥潭？一夜畅谈，我笃定我们心性相似。纵然时空隔阻，亦能无限相通。

二十余载华年磨损过后，在这个平常得可以忽略不计的清晨我独自来到无锡。

雨声淅沥，七零八落。凉气润泽，*丝丝缕缕*。天空苍灰，四处蒙蒙，蒙蒙濡沫着蒙蒙，是我童年记忆中川乡的气息？深吸一口，似略微有些不同。多了些柔软，多了些纤细，多了些超现实的意绪。这里是纯正的"江南"，曾经才子美女商贾云集之地，却不如我臆想的那般繁华。楼宇不高，且未成林立之势。街道宽阔，人车稀落，空旷绵延。幸亏无锡还未跻身超级大城市之列，侥幸保存了自己的特色。那是地脉赋予她的一种柔曼气韵，或者说是吴越文明点染过的一种婉约气质。

站在街头，我感觉好像来过这里，四处的陌生似乎都不再陌生。去哪，听啥，看什么，皆没有明确目标。不焦虑，不无聊，彻头彻尾心安理得。街对面那个独行的苍苍背影依稀似阿炳，《二泉映月》的音律轻轻浅浅、时断时续地萦绕着我，好像来自身后，好像就在街道拐角处，好像就在那棵巨大的法国梧桐树下，好像就在那门脸歪斜的小店附近……谁曾料想多年以后这座曾给了阿炳白眼和冷漠的城市，竟然凭借他的声名更负盛名，与旷世才华绝美乐音如影随形的竟然是无边的困顿和龌龊。唯有与他结发的老妪始终不离不弃，也许她根本不懂他劈心沥胆的弦音，也许她浑然不知每天牵手沿街乞讨的竟然是千载难逢的大师？残破的饭碗里盛满了屈辱，也盛满了对命运的嘲讽和对人世的愤懑。如今，这座城市里真正还在乎阿炳的人肯定不多。谁会代这座城市向阿炳说一声迟来的"对不起"？是谁欠了阿炳一场永远的"心灵之约"？

两年不见，志伟成功瘦身，翩翩似回到了十年前。看来，跑马拉松功不可没。两年前突然痴肥的他令我意外，两年后他再一次让我惊叹。唯恐有以貌取人的嫌疑，但我还是不由得竖起了大拇指，不住啧啧"真棒"。他的笑容依旧含蓄，但目光里少了许多悒郁。

"下午要回京，我只能在无锡滞留大半天。"

"想去哪里？"

"无所谓，随便转转就行！"

"那就去太湖边看看吧？"

"好！"

我们很快就驶离了市区。一路上人和车更加依稀，如若没有这条现代化公路，恰似行进在与世隔绝的古老村落。雨，还在零落，已化作了烟，缭绕在不远处的山峦间，或者点缀在肆意漫漶的湿地里。湿地随山路盘旋，应该是枯瘦了许多，虽然我不曾见过她们汤汤的丰韵。那些山，好像是小孩子过家家时堆砌而成，小巧、朴拙、稚气。树木少见高大者，但飘逸旁漏，自然就会想起"玉树临风"之姿。渐变的草木们尤揪扯着最后的春色，残荷别有韵致，不远处烟雨中的沙洲似载着一船盆栽的树木随风蠕行。水墨画的底色，不经意点染着几抹暖色——那是兀自芬芳的无名小花，还有树叶里藏匿着的有关春天、夏天和秋天未能破解的秘密。

是画，绝对逼真的画面。当然，那是绝对的错觉！一切并非人为，是纯正的大自然，只叹天工神技不着痕迹。触目就是张力十足的原型，打个哈欠就能撞见玲珑的灵感，难怪乎这里盛产江南山水画家。现在显然不是这里最俏丽的时节，可我依然被她美傻了眼儿。好像更能理解阿炳了，悲到极点的《二泉映月》竟然会跳脱出几个欢乐的音符，为何会在曲终出乎意料地高亢、激越？当远离了势利的人心和世俗的纷争，沉醉在这上苍垂青的烟雨里，遗世独立的弦音油然缠绵于指间。沧桑过后，铅华落尽，唯有本真的弦音可以慰灵安魂。

游客星星点点，除了雨声，还有偶尔几声鸟鸣，天地被静谧融合。

"生活在这里，就像修行一般！你真幸运！"我说。

"是吗？我每天都在这里跑步，好像没觉得有什么不一样。也许，生活真在别处。"志伟语调淡然。

泊车后我们披挂着烟雨穿行在太湖景区，一路细步，一路碎语。向来懒于做远行功课的我，还是按捺不住葱郁的八卦情绪弱弱地问："为什么叫'无锡'？"

"这里曾经盛产锡，锡是古时候制作兵器的重要金属。春秋战国时候这里的锡就被挖光了，因此叫'无锡'。据说，那时候锡比黄金还贵重，这里又叫'金匮'……"

"你的状态越来越好了，马拉松没白跑！体育运动一直是我的加油站！"

"嗯，长期写作，不得不'宅'。越'宅'问题越多。除了运动，还有，我皈依了。"

又是一个意外，似乎仍在情理之中。

站在太湖岸边高耸的凉台上，极目就是浩浩汤汤，这哪里是湖？分明是一眼望不到边的大海，巨型船只悄无声息隐没在浩渺的烟波里。逶迤数百公里的湖岸线，除非悬在半空，才能一睹全貌。大大出乎我的意料，太湖绝没有歌曲《太湖美》吟唱的那般柔媚。

太湖，是我见过的南方湖泊中少有的雄性。

"人通常靠惯性或惰性生活。当别无选择终结一种业已成习惯的生活，好比死了一般。还好，我又活过来了。生活还要继续，唯一能做的是让时间磨平那些刺眼的痕迹……"我说。

"嗯。那很艰难，挺过来了就好！"

"皈依后真的平静了吗？"我半信半疑。

"嗯。"志伟盯着几只流浪猫目光游离，眼角滑过一丝惊悚。

人声鸟鸣寂然，唯有太湖的水拍打着沉默不语的巉岩，高一声，低一声。

返回时我们短暂迷路，在太湖边盲目折返。一个裹着雨披的女士一直跟着我们，她好像也找不到路。

归去的动车风驰电掣，我的心还停留在太湖边。

"志伟，很开心，烟雨太湖游，敞开心扉话过往、望未来。别后珍重，他救并自救，共勉！"我认真发信息。

突然想起，我们居然没有聊起阿炳和他的《二泉映月》。实在不应该把他们仅仅当作谈资，那就把他们放置在隐秘的感觉里吧。阿炳，并非特意来看你的我，一定还会回来。

精彩
—赏析——

　　本文以《二泉映月》统领全篇，开篇写"我"听《二泉映月》的感受，但随着"年岁渐长，我不再轻易碰触它"。接着笔锋一转，去写无锡，这里是阿炳和《二泉映月》流离过的地方，这座城市的每个地方好像都萦绕着《二泉映月》。最后写游览太湖，同样穿插进《二泉映月》，"唯有本真的弦音可以慰灵安魂"。

秦淮河畔乌衣巷

🌸心灵寄语

梨花似雪草如烟，春在秦淮两岸边。一带妆楼临水盖，家家粉影照婵娟。

——孔尚任《桃花扇》

"哥哥跑，弟弟跳，南京长江大桥通车了。"这首附丽了时政气息的童谣不知何年竟强占了我的童年时空。据说，南京长江大桥很长很长，火车需要跑 5 分钟。那时候我不知火车为何物，还是惊奇于那座子虚乌有的桥的"长"。知道南京还有另一个名字"金陵"，是在初中地理课堂上。因为那个"陵"字，突然就对南京疙疙瘩瘩，囫囵将它想象成一座巨大的陵墓，古老、阴森。在《红楼梦》中读到"哭向金陵事更哀"，越发加深了南京是一座古墓的臆想。历史课堂上老师激愤宣讲"南京大屠杀"，30 万冤魂似在书本里呻吟，冷汗陡然浸透了鸡皮疙瘩。自此，南京是地狱是梦魇，是我不愿面对的巨大沟壑。即便后来彻知南京乃长江三角洲富庶之地，六朝古都，孕育吴越文化的温床，仍不能清除我对它的恐惧和疏离。比邻的无锡、苏州、扬州、镇江等地不过是南京的小弟弟或小妹妹，亦与我没有多少直接关联，我却一厢情愿神往，间或嗟叹无缘与这些江南胜地擦肩而过。不久前获悉：屠城时两个鬼子兵竟能赶着 2000 个南京人去活埋。骨鲠在喉，愤懑塞胸。有"南方人中的北方人"之称的南京儿郎，血性何在？

夏天就敲定的讲座地原本在黄山，几经周折，不期落户南京。四十余年初见，竟没有欣喜和期待。同床异梦，牵念的竟然是无锡，因为那里有太湖，还有阿炳的惠山和《二泉映月》。最重要的是，那里有曾与我一夜长谈的文友科幻作家李志伟兄。骨子里没有探险基因，从来就拒绝一个人的漫游。临行前仔细搜寻过往，企图找到在南京可以相见的人。前江苏《少年文艺》杂志的主编沈飙先生是首选，十多年前我初写少年小说，承蒙他赏识，接连头条刊发我的两个短篇，且皆获该刊年度佳作奖。借此激励，我一步步走进儿童文学殿堂。他来北京开会，竟然两次约见了我。我非千里马，但这伯乐之恩今生铭刻。十余年倥偬，他已离开杂志编辑部，我也人到中年。其间鲜有联系，辗转找到他的电话，他的声音依旧嘹亮亲切。因出差在外，遗憾错过。他邀我去编辑部坐坐，并委托现任主编田俊女士接待。看来，只能与南京"公事公办"了。还联系了本专业学术群中的某女士，因为各种原因亦不能见面。

有出门焦虑症的我，凌晨 5 点半就起床，准备 6 点打车去北京南站。四个月大的儿子醒了，拱进妈妈怀里吧嗒吧嗒吃奶。我凑到他们跟前，低声喊"桂宝再见"。儿子猛地扭头，冲我谄媚地笑。我感觉身心立即就要融化，情不自禁想抱抱他。"臭小子，认真吃奶吧！"我咕哝着笑呵呵走出门去。寒露已过，北方的清晨寒气稠密。

高铁风驰电掣，整个华北平原被雾霾囚禁得畏畏缩缩、模模糊糊。没有风景可看，不想和陌生人攀谈，所幸随身携带了消闲的书，信手翻阅，心猿意马。12点抵达，1:30—4:30讲座，明天一大早去无锡。剩余的时间怎么打发？哪有一个人去街上闲逛的闲情？夜未央，怎么说也不能躺在宾馆里胡乱睡觉吧。车过济南东站，突然想起大学同学许长胜好像调到南京工作了。虽然此前往来不多，冲着四年同窗情谊，顾不上唐突和冒昧，一门心思不邀自来。出门前没做好功课，有高科技助力"临时抱佛脚"也不晚。立即通过手机在大学同窗群里求助，很快获得长胜兄的联系方式。旋即小心翼翼发短信联络，求一面（实为求陪伴）。长胜很快回复：在镇江出差，晚上回南京，再联系。想见的人都不便见面，看来，我与南京确实只有擦肩之缘了。

"南京下雨，18度，天凉，注意保暖。"突然收到田俊主编发来的短信，温热骤临。

第三次跑这条线了，没完没了的大平原和白墙灰瓦小楼不再激发我的兴致。况且，一路向南，触目仍是没完没了的阴霾。没有惊喜，没有期待，没有抑郁，没有无聊，没有烦躁，有的是见惯不怪，还有别无选择的随遇而安。数次舟车劳顿，多年沉沉浮浮，已然练就了刀枪不入的忍耐力。可以热热闹闹，亦可冷清孤独。不知不觉学会了自我陪伴和自我开解，血气消散，麻木与迟钝悄然找上门来。不管怎么说高铁是快捷、干净、舒适的，自然勾起了二十多年前首次火车之旅的惊悚记忆。一切似乎都已改变，我的变化除了我自己也许还有时间知道。

讲座是公务，自然会百分百投入。忘记了早起、匆匆午餐和未能午休的不适，忽略了辗转奔波的困顿。站在讲台上，拿起话筒，笑容自然绽放，精气神瞬间回归。偌大的会场满满当当，天南海北的听者给了我或善意，或真诚的掌声。各自跨越时空隔阻，共赴此生仅有的这3小时约会，实属三生有幸。180分钟似一晃而过，礼仪但真诚地祝福之后，洒脱地说再见。雨，还在哩哩啦啦，遍布大街小巷的法国梧桐似乎遮蔽了南京的天空。出乎意料，南京给我留下的第一印象，也是最深刻的印象，竟然是这状若三叉戟顶天立地的法国梧桐。这雄壮、霸道的树，似乎旁证了"南京人是南方人中的北方人"的说法。很奇怪，我还没有看见南京作为南方的细腻与妩媚，甚至没能发现其独特的表征。儿时的惊奇和少年时的惊恐虽已烟消云散，但疏离感仍旧粘贴于眉头心上。高挑、温婉的田俊主编，一眼便知是典型的长三角女子，灵秀中点染了一抹精明。几年前我们在文字里已相见，面对面虽是初次，但文人的心性是相通的，

147

正言或八卦，皆不失轻松与随意。

华灯在微雨中昏昏欲睡，南京城似已花容失色，不复诗词歌赋中的遍地繁华。8点30返回宾馆，打算囫囵睡去。长胜来电，他刚刚从镇江返宁。七年后再度握手，他依旧保持着少年时的挺拔身材，白皙的面庞上蕴藉着内敛、从容和亲和。浑身辐射出在商界摸爬滚打多年的干练，似又濡染了常年在三尺教台默默耕耘的儒雅。

"辛苦了，长胜。都怪我，没有预约，不好意思。"我真诚地客套。

"说哪里话。很巧，你就住在我单位隔壁，哪有不见之理？去夫子庙秦淮河转转！"长胜目光和声音皆硬朗，笑意周正。

夜游秦淮河，确实是惊喜，朱自清和俞平伯的同题散文《桨声灯影里的秦淮河》瞬间扑面而来。我没有曲意推辞，客随主便，欣然随他前往。今夜，我独在南京，举目无亲，长胜是我与南京近距离接触的最佳媒介。四十余年后的首次南京之行在这里起了波澜，应该会生动。

因为临近冬季，因为夜雨，还因为不是周末，夫子庙周遭影声稀落，与遍地闪烁的霓虹灯光形成强烈反差。曾经士子云集，三叩九拜，夫子庙名震华夏。时过境迁，与这高洁的庙堂相拥的竟然是一条香艳浮华的河流？最受敬仰的文人和最受唾弃的妓女竟然并存于此？彼此似心安理得，相安无事。南京就这样二元背反地久负盛名！桥头就是同样著名的乌衣巷，这条寻常的巷陌寻常得令人咋舌。

没有曲径通幽，没有小桥流水，没有青苔石阶。说是巷子，好像刚刚开了头就匆匆收尾。谁说"百无一用是书生"？唐朝诗人刘禹锡凭一首《乌衣巷》青史留名，亦令这个普通得不能再普通的巷子扬名千古——竟能隔着千年岁月引无数游客慕名而来。突然意识到我误读了刘禹锡，他苦心孤诣不在写景，而在表现乾坤颠倒，人生无常。

被无数文人笔墨过的秦淮河波澜不惊，满河灯影，没有桨声。画舫驻扎在对岸，丝竹柔曼，古典仕女载歌载舞，江南的婉约和秦淮河曾经的暧昧徐徐缭绕。这就是吴地的乐音，似有若无藕断丝连的婉转，幽咽凝结处峰回路转。只有地道的江南才有的地道婉约旋律！我没过多流连桥前的繁华，倒是更亲近桥后的冷清，那才是最真实最平实的俗世景观。原以为秦淮河一如乌衣巷般仓促，乘坐在画舫里，十里内秦淮河竟然穷尽迂回。两岸明明暗暗的楼房掩映在影影绰绰的树林间，阳台上的花花草草衣物杂物漫溢出质朴的烟火气息。这条曾经被脂粉堵塞的河流终于洗尽铅华素面朝天，她的香艳只留存在导游精心设计的讲述里。蓦然发现李商隐很不近人情，竟然苛责卖笑的女子"不知亡国恨"。接近一个小时的行程，可惜，我听到最多的是"秦淮八艳"的风流韵事，还有陌生游客肆无忌惮的喧哗。我和长胜低声吐槽，相视一笑尽在不言。比男儿还血性的绝世美女李香君，竟然身高只有 1.46 米，也许是导游的故弄玄虚，但还是吊起了我的八卦兴味。审美标准的巨大落差令我不禁摇头，杨贵妃若活在当下，想必一定会被所有人视作"大胖子"。

　　夜深了，我们该回家了。离开夫子庙秦淮河畔乌衣巷口的璀璨灯火，我开始想念我北方的家园。妻子还在为儿子三天没拉粑粑焦虑吗？说不定儿子现在正拉粑粑呢。

精彩赏析

　　本文以南京长江大桥和《红楼梦》引出本文的描写对象——南京。但南京的另一个名字和历史上发生的一些事给作者带来了不好的感受，因此作者对于南京没有"欣喜和期待"。到了南京，漫步在夜雨中的秦淮河畔，作者在议论中写景，语言含蓄，耐人寻味。出门前和"儿子"的一段小插曲，看似游离在文章之外，其实是和结尾段相照应，异乡的风景再美，也阻挡不了归家的心情。

杭州 30 小时

🌷**心灵寄语**

> 岐王宅里寻常见，崔九堂前几度闻。正是江南好风景，落花时节又逢君。
>
> ——杜甫《江南逢李龟年》

说"再见"容易，但再见往往难上加难，甚至就是永别。

和国周说再见，是在 1996 年 7 月的某一天。他大学毕业去贵州大学工作，而我留在北京攻读硕士学位。与同宿舍其他几个同学都曾重逢，唯独和他不曾面晤，弹指 15 年。

15 年间，我们只通过两次电话。获知他的零星消息：娶了美女，生了儿子；在贵州大学取得硕士学位，做了大学教师；而今，在浙江大学攻读博士学位……

多年来我时不时各处游走，却没能培育出"四海为家"的洒脱。他乡除非有新朋故交，方能随遇而安。尽管南京、上海都是心仪之地，但仔细想想两处都没有我特别想见的人，自然便与它们再度擦身而过。唯独杭州，令我的心若箭在弦，只因那里有我 15 年不遇的同窗。

拨通电话，国周的声音热辣、急切。没有寒暄，没有客套，没有 15 年的疏离和距离，尽管所有有关他的记忆还停留在 15 年前。这便是同窗之间的灵犀、神秘、微妙。

"我来火车站接你。你可能认不出我了，我胖了很多呢。"他笑声爽朗。"可能需要约定接头标记？"

十五载，他乡，春寒，故交，重逢……每一个词汇都凝结着中国古典诗词的意境和质感，约见的期待令我异常亢奋。当年的青葱少年已迫近不惑，外貌、体态上的改变是不可逆的，即或已"沧桑巨变"亦不足为奇。

动车风驰电掣，我已无心流连窗外吴越大地的俏丽。诗词华章满眼满心，跳荡、闪烁，可惜诗歌始终是我可望不可即的梦中情人。只能心猿意马，只能忐忑惴惴，少时的激越死灰复燃。突然就理解了文艺作品中一个个阔别邂逅的经典场景——忘情的泪水，忘情的握手，忘情的拥抱，忘情的哭喊……

唯恐误点，国周提前一个半小时就到达杭州火车站。几乎是在同一时间，我们搜寻到了似突然"摇身一变"的彼此。几年朝夕相处的点点滴滴早已潜入血脉，根本不用理会岁月潮汐的洗刷。

小雨依旧，天色依旧青灰，市声人潮依旧陌生，但杭州城却不复我想象的旖旎，不复"直把杭州作汴州"的风情万种。然而，我心安理得，似有安营扎寨的淡定。

杭州之于国周也是陌生的，这并不妨碍我们在街市间漫步。城市大同小异，如同大自然身上长出的一块块疮斑，鲜有美感。无目的的脚步将我们迷失在杭州的大街小巷，迷失在与我们毫无干系的灯红酒绿中。突然发现，我们都是即兴交谈的高手，交流的内容应该是一篇不错的意识流作品。忘却了零落的小雨，忘却了灰暗的天色，忘却了旅途的疲乏，忘却了他乡的陌生与漂泊，忘却了即将起程的奔波与无奈，甚至忘却了口干舌燥……

打开15年的压缩包，解压缩绝非一蹴而就。缩略、删除、剪辑、拼贴、倒装、旁白、插叙、补叙、留白……我们几乎出于本能，动用了储备已久的文学叙事技法，铺陈各自15年的沉浮悲欢，千里长堤似已崩溃，洪峰万马奔腾。说得少，做得少，想得多，这应是人到中年之常态。然，只需一个瞬间，我们便重返当年，重拾书生意气。可叹，我始终不会"挥斥方遒"。

很快邀约了另两位在杭州工作的大学女同学周慧敏、周妙芬相聚。慧敏驻颜有术，岁月竟将她雕琢成了真正的美女。慧敏的老公陈兄有儒商风范，觥箸之间，国周和他已交谈甚欢。某些人天生就能凝聚酒桌上的气场，很快，他们就成了此次聚会的焦点。他们畅谈国内外政治、经济形势，尽是不可多得的所谓内部消息，听得我这不怎么关注天下大事的人一愣一愣的。妙芬这位重点中学的教师，令我惊异地加入了他们的二人转，国家大事她亦了然于心。一次没有明确主题的聚会，若有这等通晓天下且口若悬河者参加，确实能令席间增色生辉。记忆中颇为内向、清高的国周，竟能与在商场摸爬滚打多年的陈兄聊得相逢恨晚，这种变化形似滴水穿石。生活改变了我们，时间让我们异形，命运常常把我们镂刻得千疮百孔。

我应该属于比较顽固的那类人，曾经迷恋的现在仍旧喜欢，曾经厌倦的现在仍旧避而远之。在他们琳琅满目的谈资面前，我就像一个涉世未深的孩子。国周说"你活得很纯粹，这种状态相当不错。许多信息都是垃圾，接收多了只会增加负重"，这善意的恭维倒也令我恬然。不觉已至深夜，慧敏、妙川的孩子们已有了睡意，是该说再见的时候了。可是，妙川同学却意犹未尽，连声说"还早还早，再聊一会儿"。看来，这样的畅谈的确魅力多多。

今夜，我和国周客居他乡，同属自由身。我们需要重温曾经同居一室时常夜谈的共同记忆。返回宾馆，我笑语："国周，今晚我们同居。"他爽朗答应，调侃道："要是在国外，两个男人同住，一定会惹人侧目。"

我向来抗干扰能力超强，大学期间7个男生拥挤一室时常彻夜畅谈，我依然能够呼呼大睡。在他们打扑克制造出的喧嚣声中，我照样可以背诵考研英语单词。我的第一篇儿童小说，是在读研时宿舍同学围坐在一起观看电影发出的狂笑声中写就的。因此，我并不忌惮今夜胖国周可能制造的呼噜。事实上哪有睡意？呼噜看来是找不到存身之所了。

熄了灯，我们在黑夜里辗转反侧说黑话。与己无关的话题自然就被丢弃在酒桌上了，回想当年的糗事便是开场白。

大一时我们住在北京师范大学北校（原辅仁大学），那是一个幽静而神秘的院子。据说"文革"时羁押了许多"牛鬼蛇神"，地下室里冤死过不少学界泰斗，一楼男卫生间里曾吊死过一位著名学者。后院曾是某亲王的后花园，园子里苍松翠柏林立，古藤垂垂，几棵枣树虬枝盘旋诠释岁月沧桑。大一那年暑假，我们几个家境不好的同学滞留校园。某一日，书读腻了，牌打烦了，无所事事。凌晨一点，待守夜人（那时还不时兴"保安"）已约会周公，我们在阿江的率领下飞檐走壁。拨开楼顶侧门，窜上城墙，攀爬琉璃瓦，坐在飞檐上，观看景山和故宫的壮丽夜景。不知道附近的居民是否听见我们在屋顶上窃窃私语？或许他们又会杜撰出一个骇人听闻的鬼故事。刚入校时，便有师兄师姐给我们绘声绘色讲述这座园子里的种种灵异，听得我汗毛倒立。

那时候我对北京没有丝毫好感。这座城市大得令人恐惧令人厌烦，而且，我根本没有信心能成为这儿的一分子。明知道无缘亲近，索性冷漠、拒绝，以保护羸弱的自尊。坐在高高的飞檐上，我却没有拉斯蒂涅欲征服巴黎的勃勃野心，充塞心胸的是无以复加的自卑和渺茫。未来在哪里，一头雾水，忧心忡忡。风露渐凉，我们返回宿舍，一个个饥肠辘辘。找遍宿舍的角角落落，竟然没有任何充饥之物。校园外的小店早已打烊，那时候的北京还没有 24 小时店。在饥饿的驱使下，大家决定去后院偷枣。我不够野性，只能留在宿舍看家，只待适时开门接应。紧张、兴奋，隐隐还有些担心。要是被逮着了，被开除学籍也是有可能的。半个小时后，"贼们"陆续返家，一个个精赤着上身，T恤衫里兜着沉甸甸的赃物。手、脸、胳膊、腿被划破了多处，说"遍体鳞伤"也不夸张。但贼们似乎都不在意，饕餮，朵颐，快意四溢。不久，国周的一只胳膊红肿，似被毒虫蜇咬。他满面通红，呼吸急促，开始写"遗书"。他的主要财产是囫囵买下的几箱子书，似乎大多留给了阿江。

我们宿舍有三个人的名字跟"国"有关，分别是国周、国文和国龙。撇开姓氏，很像三兄弟。我们戏称为"三国鼎立"。国周来自贵州，阿江来自云南，我和甲军来自四川，地理位置上同属大西南，方言也很接近，四川方言在我们宿舍可以取代普通话。当我们说方言时，常美其名曰"云贵川大对话"……

一别 15 年，七兄弟各散五方，至今没有再聚首的机缘。

我们还聊初离校园住单身公寓常呼朋引伴，吃吃喝喝的惬意，第一次领薪水的富足感，婚恋的苦涩与幸福，考研读博的辛苦与自豪，登上大学讲台的神圣感，受到学生喜爱的虚荣和遭受学生欺愚的无奈，各自学术生涯的苦乐年华，单调而平稳的生活轨道，理想破灭的悲辛，不老不死、永不褪色的道德底线和精神操守，白首不改的真性情和矢志不渝的处子情怀，处变不惊的中年心态和甘于平庸的旷达、通脱……兴之所至，频频坐起来。这样的通宵畅谈，于我来说是 15 年一次。考虑到天亮后将去西湖游玩，我们只好强行中断了谈兴，囫囵睡去。

面对西湖，我已失语。微风、零星雨雪、稀疏游客……残荷、瘦水、寒鸭、冷树……四处是默片的意境。清冷，应该是这个季节西湖自然景观的贴切写照。

国周说，西湖的迷人之处在于其处处可见的人文景观。有这位古典文学博士陪伴，有这位才情和激情依旧葱茏的贵州汉子作导游，清冷的西湖便有了勃勃生气。我很庆幸，我选择了旅游淡季来拜谒这曾无数次装饰过我梦境的西湖。更为庆幸的是，在西湖钟灵毓秀的背景下，国周和我钩沉彼此十五载过往，分享各自的成功失败。这是何等奢侈，何等排场，何等荣耀，何等可求而不可遇！突然醒悟，我在嘉兴忍受的七个惊悚之夜，对乌镇的惊鸿一瞥，原来不过是为这曼妙的杭州之行所做的铺垫。

这他乡邂逅的 30 个小时，注释了我们别后的十五载韶华。30 小时 ≈ 15 年，这不对等的等式诠释了几多关山横断、时空隔阻？即或与相约白头的那个人，也难觅如此激越、率性的 30 个小时。不能再奢望还有这样的重逢，只能洒脱地道声"珍重"。

今夜，暴雨欲来，面对这北京七月氤氲、闷热的夜空，我将不再的那 30 个小时小心翼翼存入我笨拙的文字里。一别又近半年，我一直在寻找写作的情绪，我以为我可以敲打出一篇振聋发聩的美文。该打上句号了，我不得不轻喟一声：语言终究是苍白的，我的笔力瘦骨嶙峋。然而，我的感受仍旧丰腴如盛唐仕女！罢！罢！！罢！！！

精彩赏析

本文叙述的是作者与 15 年未见的好友在杭州重逢了，见面前急切、亢奋、紧张的心情跃然纸上，"无心流连窗外吴越大地的俏丽"，设想邂逅时的场景，那种急切的心情也感染了读者。相见后谈天说地，意犹未尽，15 年的岁月仿佛并未对"我们"的感情有任何的影响。期间作者还插叙了大学时发生的事情，增加了文章的可读性。

彩云南飞我北去

❀心灵寄语

> 同属驿路上的过客，再相聚不知猴年马月。即或是小范围聚会，显然也是难以复制的。唯有珍惜，唯有袒露最真切的笑容和最率真的性情，才不枉费前世数以万次计的回眸。

1

我小学同学的哥哥，战死在云南老山前线。云南给我的最初印象，自然相当惊悚。他参军那天，胸戴大红花，雄赳赳气昂昂。我拥挤在乡亲们欢送他的锣鼓声中，好奇地打量着接兵军官帽檐上的红五星。两年后，他变成了一块烫金的"光荣烈属"匾荣归故里。后来通过无线电波，我零星获知战士们蹲"猫儿洞"的艰苦，"自卫反击战"的惨烈……再后来看电视剧《凯旋在子夜》，自然会想起同学家堂屋门檐上的那块匾，始觉战争与死亡距离我其实并不遥远。

高中的自然地理课堂上，我惊觉遥远的云南竟与我的家乡四川比邻。庆幸的是它没有蛛网一样的铁路线，仅需记住不多的矿产资源，以及几条流出国境便更名的江。云南省不是高考地理试卷的重要考点，我开始对云南有了些许好感。那时候我并不知道它还有一个诗情画意的名字——彩云之南，亦不知茶马古道的诡谲，香格里拉的神奇，泸沽湖女儿国的神秘，丽江古城的繁华，更不知被曲谱化的《月光下的凤尾竹》……

大一的军事理论课堂上，某大校教官用地道的方言授课。许多同学仿若听天人说天书，苦不堪言，我却倍感乡音温暖。他划考试重点时再三强调"听话听音，锣鼓听声"，我以为他来自四川，事实上他是云南人。及至上《现代汉语》课，才确知云南和四川属同一方言区。从方言上探究，两省可谓血浓于水。

我近距离接触的第一个云南人是阿江——大学时睡在我下铺的兄弟。他有东南亚人常见的黝黑皮肤，还有淡蓝色的眼珠，我们甚至怀疑他是混血。我和他可以用方言交流，只不过他的云南话清脆、绵软。一直很纳闷儿，这样的语调如何吵架？如何能调高调门呼朋引伴？我甚至笃定：云南人个个好脾气，不管是男人还是女人！足球、篮球和排球皆拿手的阿江，人缘极佳。但是，他非常低调。同学四年，几乎不曾从他那里获得更多有关云南的一手信息。他竟然从未向大家提起，名扬四海的抚仙湖就在他家乡近旁。

云南之于我仍旧是中国地图上的西南边陲，一个僻远而陌生的地理符号，一个据说比较闭塞、落后的地方！

2

我和云南第一次零距离接触是在 2001 年 8 月。那时我硕士研究生毕业已两年，就职于某著名电信公司，淹没在一堆 IT 精英中，做着打酱油的企业宣传工作。那一次"四飞八天游云南"，所有费用皆由业务往来甚密的某报社友情赞助。小芝麻粒儿的我能得到如此福利实属不易，可惜我不知珍惜，不懂得享受浮生半日闲。那时候我确实非常年轻，理想自然风姿绰约。虽收入颇丰，但职业与爱好风马牛不相及，且看不清未来在何方。"身在曹营心在汉"，愁绪千丝万缕纵横交织。

不谙随遇而安的我，一路上自然看不见彩云之南的好山好水，听不见边陲少数民族自然本色的歌声。机械地随旅行团赶路，不习惯与陌生的团友搭讪、闲聊，心里装不下任何新奇，更难以"一晌贪欢"。囫囵视导游小姐活跃气氛的荤笑话恶俗，不屑于团友们毫无戒备的插诨打科，鄙夷争相购买玉石、银饰和茶叶等的拜物癖团友……稍有空闲，那帮 IT 精英们便乐此不疲玩一种无聊透顶的"杀人游戏"。我冷眼旁观，拒人于千里之外。得到的回报当然不菲——大多数人距离我似有一个地球之遥。所幸有毕业于上海复旦大学的一团友相伴，他和我同届，亦残留着初入社会的青涩，浑身的书卷气与周围的人格格不入。物以类聚，我俩自然臭味相投，成了被团友们心照不宣放逐的风景。

那日黄昏，旅行团留宿丽江古城。我独自徜徉于深幽、曲折的古街，感受"家家流水，户户垂柳"的城市田园，难得的恬然自安。暴雨突袭，我躲进一家小工艺品店铺避雨，随意观看琳琅满目的小玩意儿。看守铺子的，是一个十一二岁的少年和一个白发苍苍的老太太。导游再三提醒过，若不想购买，不要轻易碰触。我自然小心翼翼。

暴雨转瞬远遁，我甫一转身出门，只听得身后"哐啷"一声，伴随着少年尖细的"你把我们的东西打倒了"的喊声。没等我回过神来，那老太太"噌噌噌"扑向我，抓住了我的胳膊。"想跑啊？这个笔筒是清代的古董，你自己看看吧，摔出了裂口，你说赔多少钱吧？"我百口莫辩，懵懵懂懂。"至少得赔1000块！"那少年高喊。"才1000块，10000都便宜他了。"老太太紧紧揪扯着我的衣服，如同逮着了梁上君子。

我只知童叟无欺，岂料却被童叟欺凌。晴天霹雳，我张口结舌。僵持之间，从里屋走出来一精赤着上身的胖大汉子。"赔200元吧，便宜了你，算我们倒霉！"他声音和蔼，颇为大度。天色晦暗，"好汉不吃眼前亏"，一番讨价还价之后，我掏了100元才得以脱身……

被讹的冤屈彻底扫了我的游玩兴趣，也彻底将我和云南隔膜。我甚至忘记了这里还有我大学时的同窗挚友阿江（赵江云）和时老二（时遂营），从他们家门前匆匆而过，却忘记了叩响他们的门环。

多年之后，我学会了包容与释然，基本上能做到不因噎废食，方才发觉我误解了云南许许多多。

杯弓蛇影，我愧对云南！

3

不曾想，我和云南不欢一别，便是十一载。十一载啊，我的华年东逝水。其间，我在职场里沉沉浮浮，我在婚恋中沉沉浮浮，我在理想和现实巨大的落差之间沉沉浮浮。妥协过，放弃过，坚持过，痛哭过，狂喜过，淡定过……一晃，我已不惑。命运似曾垂青于我，亦曾欺愚过我。我收获了想得到的，也失去了不想失去的。依旧在寻找，依旧在守望，哪怕是徒劳和无望。不变的是坚韧和沉静，改变的是自我的调适和安慰，以及步履的轻盈和眉头的舒展。

我将第二次飞往彩云之南，没有猎奇的浮想，没有当年小肚鸡肠、郁结难解的成见。背起行囊，注目阳台上的花草，似当年早八晚五例行的道别。一去小半月，花草们应能扛住干旱。我心如止水。作家笔会和招生宣传都属工作范畴，我自然会全情投入。沿途留存的风景，不过是"搂草打兔子"。走过了中国的东西南北，流连过不少名山大川。作为匆匆过客，再好的风景都似一夜昙花。没能濡染上浓郁感情色彩的风景，转眼便是云烟。我显然已过了莫名惊诧的年轮，惊呼和过剩的感叹明显不再是常态。

此次云南之行，我最看中的当属归还原本属于彩云之南的美好心情，以及拜访曾经灵犀相通的同窗兄弟阿江和时老二。

昆明长大了；大理遮掩了几许乡土气息；楚雄充满彝族图腾气息的路标殊为别致；瑞丽的银饰和翡翠确实精致，还有独树成林的榕树确为奇观；腾冲的火山地貌、天然温泉和湿地是真正的原生态……多民族混杂的风情，各种各样的山珍野味，将休眠的视觉听觉味觉逐一唤醒。只需一眼，无须赘言，彩云之南，风光确实旖旎。

很快就和陌生的团友熟络起来。一张张陌生的笑脸，似皆来自伊甸园。某些团友数年前匆匆一面，再见时多已濡染了岁月沧桑。大多数初逢者，于我来说确系无意中等待了40年。我不再是当年装腔作势的文青，我已然收放自如。开可以开的玩笑，说可以说的笑话。一切都在变，我没有理由故步自封。然，变化的是表象，岁月尖刻的潮汐已无法改变我生命的底色。同属驿路上的过客，再相聚知是猴年马月？即或是小范围聚会，显然也是难以复制的。唯有珍惜，唯有袒露最真切的笑容和最率真的性情，才不枉费前世数以万次计的回眸。

虽然文学在当下已退守边缘，但这些骨子里已离不开文学的儿童文学作家们仍葆有对文学的美好情怀。和他们交流，可以随意绕开客套，可以无所顾忌探讨理想、信念和价值。没有谁会认为你酸文假醋，没有谁会嘲笑你故作高深和高尚。在这个物欲横流的时代，这样的谈话内容只能发生在此种狭窄的小圈子里。很明显，媚俗不需要理由，若你流露出高尚必须给一个理由。否则，将被扣上沽名钓誉的帽子。我珍惜这样的交谈，能够涤荡有口无心的泡沫，能够找到心灵的支撑，能够缓解踽踽独行的落寞。

再好的风景只能匆匆一瞥，只能留存在记忆里，供他日落寞时反刍。然而，将自己暂时抛离已成习惯的轨道，凝固的思维和心绪在陌生的山水里缓缓流动，世界重新恢复了斑斓的色彩，委顿的神经重新恢复了活力。我不再是机械转动的齿轮，我不再是那个表情凝固的教师和宅男。所谓"行万里路，读破万卷书"，如是。

如若只关注奇景的旅行，注定会令人失望。抱怨车马劳顿、食宿不适的旅行者，根本不懂旅行的本真。真正的旅行始于调适好远行的心理准备，收拾行囊。旅途中若能找到家的感觉，显然完全失去了旅行的意义。因此，我偏爱旅途中每一个截然不同的发现，我珍爱旅途中每一个灵犀乍现的瞬间，我珍视旅途中每一种全新的体验和感悟……

第二次拜谒云南，我把自己完全融入了这里的山山水水。我不想只给予它"美丽"的赞美，那不过是"听起来很美"的套话。融入就是没有顾虑，没有担心，彻头彻尾的放松。那夜翻越高黎贡山，山中大雾弥漫，能见度不足 5 米。汽车在盘山公路上蠕行，还需会车，窗外是万丈峡谷。稍有不慎，便会踏上不归路。一些团友坐立不安，我却心安理得。这就是云南，这就是山地，这就是此处常态下的生存本相。不具有承受一切风险心理准备的旅行者不过是叶公好龙，从此种意义上说，我理解了那些常被视作亡命之徒的冒险家！

彩云之南，我没能看见你传说中的彩云，但我给予你彩云一样的情思，应当能弥补我 11 年前对你的误解！

4

山山水水对谁都是客观、冷静的，云南也不例外。彩云之南，我不得不坦白，如若你不是我同窗兄弟阿江和时老二的居所，我断然不会心安理得流连在你的怀抱。与你 11 年再见的终极目标，自然是拜见我的故交。

大学毕业 16 年了。16 年，一个初生的婴孩长成了青葱少年。16 年，我们褪尽了年少轻狂，不得不以中年的沉稳重温少年时的纯情。那时境遇相同的我们，即或心性各异，仍能找到许多默契与共鸣。短暂的 4 年情谊，小溪般平缓流动。当初习以为常，若干年后才惊觉弥足珍贵。16 年关山隔阻，竟然隔不断某一朵朝夕相伴的浪花。我们彼此熟悉，熟悉至骨髓和血液。16 年各自经历了风霜雪寒，其实早已不复从前。但是，曾经相濡以沫的手足情谊，仿佛已蜕变成神秘莫测的基因，流淌在彼此的记忆里。16 载的距离的确遥远，相逢的那一瞬间，所有的距离立即变成了只可意会的亲近，以及如神性般的随意和自然。

甚至会忘记社交的基本礼仪，忘情地当众呼喊各自的绰号，那是最亲昵的称呼，只有属于那个固定的小团体中的当事人才能咂摸出其中的温暖。安顿好妻儿，与远道而来的我同居一室，就像大学时一样彻夜卧谈，是彼此心照不宣的默契。那晚讲座完毕，夜宴上新朋旧交云集。素来不会纵情畅饮的我，有他们陪伴左右，做好了不醉不归的心理准备。事实上，他们不知我已不是当年那个滴酒不沾的好孩子，而今我的酒量也许不在他们之下。酒是缩短男人之间心理距离的最好媒介，已经戒烟戒酒的阿江重新破戒。但他一直实实在在保护我，斟酒时不会满杯，对饮时不会监督是否干杯。他人频频劝酒时，会主动护驾代饮。那种无言的爱护，不是手足，胜是同胞兄弟。晋升院长的时老二，官场如鱼得水多年，场面上的拿捏自然特别得体。他知道不喝酒难以尽兴，又唯恐我不胜酒力，招架不住热情的主人。他护航的方式自然与阿江不同，护一阵儿便撒手不管，见势不妙立即拍马赶到。从来不曾得到如此悉心呵护，我自然心情大快，酒量倍增。酒没少喝，却能全身而退！

那是我迄今为止最开怀最温暖的一次喝酒！

依旧随和的阿江，依旧坚守着某些在他人看来毫无意义的坚守，依旧保留着谁也无法真正走近的那一亩三分地。他在出世和入世之间斡旋，似乎已经找到了一个平衡的支点。他爱他的学生，他爱他的三尺讲台，他爱他那满满一屋子的书，他爱他的妻子和女儿……

当年那个人缘颇佳但个性毕露的少年，能够臣服于平淡工作和生活之中，确实成熟了，难能可贵。我真的为他高兴。

时老二的蜕变只能用惊艳来形容。我不懂官场的游戏规则，但道听途说官路无坦途。很难相信当年颇为沉默、沉寂的时老二，竟能在这个舞台上华丽转身。他显然隐藏得很深，或者说，如我这般的鹪鹩，不识蛰伏鸿鹄的凌云之志。我并不在意他取得了什么样的官职，但我好奇于一个人潜藏的能量究竟有多大。他和我走的是完全不同的路，但我能够理解他的追求，欣赏他在这个我丝毫不感兴趣的领地里显露的才华，并真诚地祝福他明天更辉煌。只是略有遗憾：从此，我们的世界注定鲜有交集，官本位势必会改变他的心性，我们势必渐行渐远。活动的平台不同，持有的心境各异，碰撞的机缘自然稀罕。每个人都有适合自己的舞台，每个人都在寻找最想要的东西。和而不同，是最好的选择。我亦释然。

该说再见了，无论是面对面，还是在别后的文字里。语言终究是苍白的，我的文学才华实乃枯瘦。无法将更多丰盈的感受一一呈现，期盼二位兄弟妙笔润色点睛相和。是为盼。

彩云南飞，我已北去。天涯，迢迢。遥祝，在不经意回望的某个时刻。

精彩
—赏析——

　　作为祖国西南边陲最独特的一片土地，云南有一个诗意而浪漫的名字——彩云之南，它独特的景观也如同它的名字一样在无数人的脑海中萦绕、徘徊。本文中作者描述了两次云南之旅，第一次源于对这片奇异土地的向往，第二次源于对旧友的思念。初访云南，作者徜徉于深幽、曲折的古街，却遭受了被讹的冤屈，安适恬然的兴致一扫而光。时隔十一载，作者再访云南，拜会旧友，这时的"彩云之南"成了坚贞友谊的载体，寄托着作者对时过境迁的感慨和对故人的牵挂。文章语言细腻优美，淡淡的情思流淌在字里行间，文中的两次云南之行不仅给作者留下了深刻印象，也令他见识到了云南的美和真情的可贵。

延安行

> 延安，这片神秘、神奇的土地；这片令中华儿女为之魂牵梦绕的圣地；它是中华民族的精神"摇篮"。

1

我最初知道延安是在小学的思想品德课本里，它与革命的"圣地""摇篮"排列在一起。那时候我自然不懂何为"革命"，亦不明白何为"圣地"。倒是见过摇篮，知道它是哄婴孩入睡的物什。看看插图里的延安，一座山，一座塔，一座桥，一条河，还有毛主席那高大的身影……这些画面都和我所熟识的摇篮不相干，因此，延安留给我的不过是一堆空泛的疑问，不带任何个人感情色彩。

延安在我心中有了温润的感觉，源于初中语文课本中贺敬之的那首著名的"政治抒情诗"——《回延安》。"几回回梦里回延安，双手搂定宝塔山""羊羔羔吃奶眼望着妈，小米饭养活我长大""东山的糜子西山的谷，肩膀上的红旗手中的书。手把手儿教会了我，母亲打发我们过黄河"……这些朗朗上口的诗句，至今仍留存在我的记忆里。诗人澎湃的革命激情，延安军民炽热的革命情谊，激荡在字里行间。"杜甫川唱来柳林铺迎……白羊肚手巾红腰带，亲人们迎过延河来。满心话登时说不出来，一头扑在亲人怀……二十里铺送过柳林铺迎，分别十年又回家中……"，我想象中的延安温暖、快乐，漫溢出家的气息，生机勃勃。尽管如此，延安距离我的现实生活依旧相当遥远，我并未真切地感受到它亲昵的气息。

当港台流行歌曲弥漫过我的青春期之时，《黄土高坡》《信天游》等"西北风"亦吹拂过我的豆蔻年华。由是，延安不仅仅是延安，它还与陕北、黄土高原、窑洞、信天游等并连。对陕北民歌的偏爱，催生了我对延安的亲近感。"我家住在黄土高坡，大风从坡上刮过。不管是东北风，还是西北风，都是我的歌我的歌……照着我的窑洞晒着我的胳膊，还有我的牛跟着我……""我抬头，望青天，追寻远去的从前……"那些苍凉、遒劲、深情、厚重的歌吟，似乎穿透尘封的岁月，徐徐渗入我的灵魂。还记得高一的一个炎夏正午，我蓬头垢面走过空荡荡的教学楼，从传达室的收音机里飘荡出的那些"是歌若喊"而又"是喊如歌"的音符，立即令我脚下生根，不由得泪流满面。那是我整个中学时代最为忘情的瞬间，甚至远胜于与初恋女孩的初次牵手。从此，延安－陕北－信天游，自然钩沉于心原。那方遥远而神秘的土地，成为我青春年少无疆幻想中的一个生动的情节。

在大学的民间文学课上，我再度邂逅陕北民歌。当我历经了爱情的崇高与龌龊之后，审美趋向日渐定型的我，开始腻烦大多数流行歌曲的滥情与恶俗，尤其难以容忍其对爱情的肆意作践。"爱你爱到骨头里""爱你在心口难开"等对爱情冗长、苍白、虚无的无病呻吟，比不上一句信天游"面对面来还想你"。这直白得不加任何遮掩的爱的表白，却又蕴藉着两情相悦"只可意会不可言传"之玄妙。简直直白得一塌糊涂，令人叹为观止！其还不动声色地诠释了"诗在民间"的深意，欲抒"相思之情"的当代文人墨客，在撞见这个质朴的句子之后，必然会打消继续写下去的念头。当我懂得如何欣赏男人的阳刚和女人的柔美，当我深谙"一方水土养育一方人"的俗谚，自然便对"米脂的婆姨，绥德的汉"浮想联翩。不知道"人杰地灵"一词能否概括那一片土地的神奇。及至我目睹北京2008 年奥运会开幕式上的陕北安塞腰鼓表演，那奔放的舞蹈，雄浑的肢体语言，豪迈的呐喊，再次点燃了我对延安的爱恋。由此，延安便成为我的一个梦，抑或是一个心结，隐蓄着信徒般的朝拜情绪。

2

接到北京市教育工会组织的"北京高校青年教师延安考察活动"的通知，恰逢我在香港浸会大学执教一年之后返回北京。尽管身心疲惫，就冲"延安"二字我便踊跃报名，只为了却我多年的"延安行"

心愿。

当汽车驶离十三朝古都西安，当富庶的关中平原从车窗外飞驰而过，当陕北峻峭、挺拔的山梁沟畔峁原展现在眼前，车厢里几十双眼睛不约而同追逐着这被雨水冲刷而形成的自然奇观。尽管车马劳顿，但每个人脸上都绽放出灿烂的笑容。或许是受到大自然的神启，我们这些来自首都各大高校的陌生教师，开始在狭窄、颠簸的车厢过道里联欢。一曲黄梅调《天仙配》，拉开了联欢的帷幕。一首非"陕北版"的《东方红》，一首无配乐的诗朗诵《我爱这土地》，一首首当下热播的流行歌曲，应和着滚滚车辙。两位青年女教师激情、炫酷的劲舞，将联欢活动推向了高潮。谁说皓首穷经"沉稳有余而激情不足"是大学教师的恒定表情，殊不知当代大学教师已葆有新世纪的蓬勃气息。

滞留古城西安，我一直很木讷。一则因为几年前我曾与西安有过一周的厮磨，难免有了审美疲劳。二则城市皆大同小异，作为古都的西安依然缺乏令人惊鸿一瞥便难以忘却的个性。八百里秦川尽头，陕北黄土高原兀自屹立，我困顿的情绪立即为之一振，如同不期而遇少年梦中的英雄偶像。我惊叹于这连绵复连绵的千沟万壑，需要几多狂风骤雨，几多岁月的潮汐，方才镂刻出如此工整如此千篇一律的自然风貌？

惊叹之余，我不禁隐隐有些失望。多少年来，我想象中的黄土高原满眼苍黄漫漫，遍地风沙茫茫，全裸的躯体向苍天诉说着被弃的孤愤。头扎白巾的汉子孤独地站在某一个令人绝望的峁原上，牵肠挂肚地吟唱"白羊肚那手巾哟三道道蓝，见个面面容易啊呀拉话话难。一个在那山上哟，一个在那沟。见不上那面面啊呀招一招手……"还有被强紫外线吻破脸蛋的后生，赶着萎靡的羊群在坡坎间啃噬绝望的希望……尽管贫穷、孤独、困顿，却蕴藉着黄土般挺立的生命张力。然而，此时国道两旁的陕北，青山连绵，虽无绿水环绕，亦有河流蜿蜒。当年流行歌曲"西北风"所喊唱的那种绝望与挣扎，全都无影无踪。我怀抱着一腔真挚的同情远道而来，我想给这赤贫的高原一个真实的拥抱，我想用温润的目光抚摸这缺少柔情的世界。毫无疑问，我被我的想象欺骗了，我甚至怀疑司机因头晕而南辕北辙。

3

黄陵就在眼前。这里是中华民族始祖轩辕黄帝的陵寝。

黄陵三面环山，清澈的河流环绕山麓。陵墓背山面水，安卧于高高的峁原之上。陵园周遭高远辽阔，陵园中苍松翠柏林立，好一处绝佳的风水宝地。时逢丽日当空，陵园树荫绰约。游客虽众，仍旧稀声寂然。香烛熠熠，清香四溢。鼓乐声中，来自四面八方五湖四海的华夏儿女虔敬叩拜。跪下去的，有远涉重洋的子女，有南国白皙的女子，有北疆魁梧的汉子，还有中原敦实的儿郎。江南水乡的清秀，长江流域的奔放，黄河流域的沉雄，塞外西域的质朴，

——在这肃穆的陵园里无声交流、碰撞。过往的纷争远遁了，地域的隔膜消逝了，惯常的高低贵贱模糊了。跪下去的那一刻，没有了亲疏远近，心中唯余对始祖洪恩浩泽的膜拜。"水有源，树有根。"始祖赋予我们的黑眼睛、黑头发、黄皮肤，就是来自长城内外大江南北的我们无须约定的接头信号。

自从告别了无忧无虑的童稚岁月，多年来我时不时追问作为炎黄子孙的我们究竟来自何方去向何处。走进黄陵的瞬间，肃穆与感恩之情油然而生。同行的北航教授低声问我："这墓地里真埋着我们的祖先？是否有史料做了记载？"对于这个史学界公认的难题，我自然无法做出是或否的全称判断。我说："这黄土之下是否埋着黄帝并不重要，重要的是这儿成了炎黄子孙追根溯源的精神寄托，是冥冥之中召唤我们回家的图腾。如果没有这座陵寝，我们都成了丢失了精神家园的流浪儿，生生世世将背负不知乡关何处的凄惶。"

有意脱离大部队，我独自踟蹰于轩辕庙中一棵至少三人才可合围的古柏之下。据说，这棵柏树约有5000年树龄，为黄帝亲手所栽种。5000年风霜雪雨，洪涝干旱，它依旧傲然屹立。树形苍劲，如同始祖之魂魄，闪耀在中华儿女奔流不息的血脉之中。静默于树荫之下，我凝神静思：始祖啊始祖，您是否认得我这来自川北红丘陵的"川娃儿"？蹉跎了近40年岁月的我，我这不肖子孙迟到的叩首，是否能够得到您的谅解？我不具备改变中国命运的能力，也没有光宗耀祖的契机，我甚至不会时时把您挂念在嘴边。但是，当我一旦离

开中国，作为华夏儿女共同拥有的那个名字——中国，便清晰地闪
耀于我的心河脑海，绝对不允许任何人的不敬和非礼。

走出陵园，我一步三回头。再见始祖，别后的有生之年，我会
时时为您点燃一炷虔敬的心香，告慰您不朽的魂魄，鞭策自己"一
息尚存，壮志不改"。

4

作别黄陵，一路往北。

黄土高原日渐呈现出苍凉、孤绝之姿。青翠渐稀，河流瘦而浑浊。
汽车颠簸于盘山公路上，时不时需要做惊险的大回环。公路两旁，
时见深不可测的万丈悬崖。峭壁千仞，草树依稀，人影寥落。村落
散落在绵延的沟壑峁原之间，窑洞前陈旧的木质窗棂，诉说着生生
不息的古老历史。睡意荡然无存，我们不约而同站了起来。扒着车窗，
惊诧于窗外的险情绝景。飞越深壑的桥梁，穿越时空的隧道，呼啸
而过的火车汽笛，为这古老、沉寂的高原送来了华丽的现代气息。
偶尔瞥见山梁上的牧羊人和他的羊群，沧桑的信天游似乎从亘古飘
荡而来。路旁卖土产品的婆姨，赤红、朴实的面孔里蕴藉着黄土般
的坚韧和平和。

日光搭原，夕晖似腼腆的陕北少女，黄土高原流露出苍黄的本
色。不远处，汤汤黄水回声隐隐。

"那是黄河吗？"有人惊呼。

"那是传说中的壶口瀑布吗？"有人惊叫。

在两座高高的崩原之间，黄河以其澎湃的气势和无坚不摧的力量，不知拼搏了多少载寒暑，终于冲决了挡道的巨石，以以柔克刚的坚持开辟出前行的新天地，形成了我们眼前的这道形若壶口、蔚为壮观的巨大瀑布。左岸是陕西，右岸是山西。恰逢河水充沛之日，黄水汤汤，浩浩荡荡。河面殊为开阔，波涛翻滚。黄河似携带着青藏高原寒凉的怨气和戾气，咆哮着从绝壁处飞流直下。急流飞溅，嚣声不绝，巨大的旋涡在壶口垂死挣扎，给岸边的游客以巨大的震慑力。站在瀑布下落处，从下往上看，黄河之水似从天而降。在大自然的孔武面前，人，何其渺小！何其无助！站在铁栅栏边上的我，不禁腿脚绵软，不由自主朝绝壁处后退。意识突然在此时中断了，自然停止了与同伴的喋喋、玩笑，好似突然患了失语症。

"还是应该多出来走走，感受大自然的雄浑和神奇！"同伴感叹。

"古人云：行万里路，读破万卷书。饱览名山大川，心胸自然豁达，自然就濡染了云卷云舒的气度。"我说。

天色幽微。返回车厢，大家依依难舍，扒着玻璃窗与壶口瀑布说再见。

汽车没有启动。大家等待着同行的朗诵家王教授的激情表演。

"不知道大家刚才有何感想，反正我站在飞瀑前不禁泪流满面。陕西著名演员李绮曾和我聊天，他说黄河是父亲河而非母亲河。那时我很难理解，还和他辩论。今天，站在壶口瀑布前，我终于明白了黄河是父亲而非母亲的深意。"王教授动情地说。"……为什么我的眼里总含着热泪，因为我对这土地爱得深沉。"铿锵有力的朗诵，感染了车厢里每一位风尘仆仆的学者。

身临其境，壶口瀑布虽没有影视中那般华丽，但它更真实更富有质感。不管是在想象中还是在眼前，它皆彰显了大自然的神奇，以及黄土高原的风采。

5

星月高悬。峁原如黛。穿行于沟畔的河流，在月华的抚慰下泛着银光。河流依势变换着容颜，河面波光粼粼，形若羞涩的村女在偷偷沐浴。沉沉夜色中，我们与著名的南泥湾擦肩而过。汽车星夜兼程，我们奔赴延安。这迟到的30多年的心灵之约，令我难以安坐。被时光锈蚀而日益稀薄的激情，随滚滚车辙一点点积聚，渐渐在心头熊熊燃烧。久违的血脉偾张的感觉，弥漫全身。

夜色馥郁下的延安市，就在灯火阑珊处。宽阔的街道，辉煌的霓虹灯影，与中国任何一个中等旅游城市无异。宾馆、饭店、购物中心摩肩接踵，虽难说遍地繁华，却昭示了中国现代化都市的冰山一角。然而，此延安，非彼延安，全然没有我想象中的丝毫影子。我的失望情绪一厘一厘地叠加，甚至有点后悔造访。

一夜囫囵睡下，极度的疲倦，了无梦痕。早上6点，晨光穿过窗帘，唤醒了昏睡的我。莫名的激越，再度在心头蹿烧。不管怎么说，我多年来郁积的对于延安的情愫，今日应该是释放的佳期。

微凉的空气漫溢着罕见的清新，宝塔山的淳朴，延河大桥的沉稳（遗憾的是桥下没有哗啦啦的流水），杨家岭的开阔，枣园的干净、清爽，拂拭了昨日的奔波疲顿。一个清瘦的陕北汉子，一身经典的陕北男人装扮，站在枣园门口对着过往的行人扯开嗓子吟唱"白羊肚那手巾哟三道道蓝，见个面面容易啊呀拉话话难。"他那一嗓子，顿时让我找到了想象中的延安的影子。那嗓音，与我此前在任一场合所听到的陕北信天游既神似又迥异。生于斯长于斯，爱于斯恨于斯，只有这样地道的民歌手才能吟唱出这片土地的本真。我忍不住驻足聆听，很遗憾，我被人潮推进了枣园。

虬枝盘旋的枣树，修葺一新窑洞（伟人们曾经运筹帷幄之所），呈现出唯美的意境。在讲解员被麦克放大的声音缝隙里，在窑洞上方随意生长的瓦菲间，在窑洞陈旧的窗户里，在小院里那些陈年的石桌石凳上，在无人问津的小径上……我依稀看见了当年出入此地的伟人身影。那是怎样一批中国人，他们怀抱着怎样的雄心壮志，以怎样的才华和坚韧，在风雨如晦的漫漫长夜点燃了照亮新中国的星星之火？地因人灵，人因地杰。僻远的延安是幸运的，因为如许多划时代的伟人的驻扎而成为"圣地""摇篮"，成为中国历史上永远不可回避的重大转折点。伟人们亦是幸运的，因受到了延安这方风水宝地的荫庇和陕北人民的拥戴而大展宏图名垂青史。

数百名进行拓展训练的高中生在此接受革命教育，我很想知道，他们是否有我豆蔻之年对于延安的神往？一群小学生在老师的带领下实习锻炼，以期为将来的游客讲解延安曾经的峥嵘岁月。这种邂逅令我这位所谓的儿童文学作家喜出望外，遂签名赠送他们我新近出版的长篇小说。他们略显生涩的一套安塞腰鼓表演，博得了满园掌声。

延安，我很快将成为你的匆匆过客。再见你时，不知是猴年马月。我带不走你任何标志性物什，但我决定带走你给予新中国最好的动力——延安精神。

回程途中，我考问身边的同伴："何为延安精神？"

"……自力更生，艰苦奋斗。实事求是……"同伴的回答令我伸出了大拇指。

未来的日子里，我当恪守"延安精神"，固守三尺教台，潜心读书、教书、写书……

精彩赏析

延安，是中华民族重要的发祥地，是中国革命的圣地。文章在第一部分写道："那方遥远而神秘的土地，成为我青春年少无疆幻想中的一个生动的情节。"由此引出延安之行。一幅浑厚苍茫的画卷徐徐展开。作者写了陕北黄土高原兀自屹立，连绵复连绵的千沟万壑，作为华夏儿女精神图腾的黄陵，以及夜色馥郁下的延安市。作者采用边游边叙的方法，运笔自如，描写得体，语言朴素而简练，正如沉雄质朴的黄土高坡，给读者留下深刻的印象。文章最后对"延安精神"的论述升华了文章主题，表现作者对"延安精神"的赞美和恪守"延安精神"的决心。

大澳行

🌸**心灵寄语**

"读万卷书，行万里路。"不同的地方，可以带给我们不同的感受。香港这片繁华的土地，又有哪些值得"我"去探索。

我生长于川北，睁眼便可看见山丘，大山束缚了纵横捭阖的想象。大海之于我，如同梦境仙界。上小学时，"波涛浩渺""波澜壮阔"等词语令我一头雾水，更迷惑于大海怎么可以"一眼望不到边"。

我想象中的香港，无论置身何处，举目即为海涛茫茫，湛蓝的海水波光潋滟。海腥味随风飘散，船帆点点，渔歌荡漾……在香港滞留经年，许多时候我拥挤在尖沙咀狭窄的街面上。楼宇店铺密密麻麻，人影车辆密密麻麻，人声马达声密密麻麻，除了密密麻麻还是密密麻麻。地铁从海底隧道穿行，大海被许多"密密麻麻"屏蔽或切割，支离破碎。对于这座海岛城市来说，能痛痛快快看见"一眼望不到边"的大海，并非轻而易举。坐在巴士里所见的大海，已被林立的楼宇围困成斑斑点点，似潭，因遭受油污，早已花容失色，宛若死水。即或站在尖沙咀富丽堂皇的码头，依然找不到大海忧郁、深沉的蓝色。

那日登临长洲，有幸一睹香港作为海岛城市的庐山真面。我武断地认为，长洲应该是香港最后的渔村记忆。一些香港朋友说，大澳的渔村记忆更为本色。因为那里有最为朴拙的渔民居所——棚屋，还有倾倒了无数中外游客的海滨日落。倘若有幸有缘，犹可看见白海豚精灵般嬉戏于碧波之间。

1

在东涌，一坐上飞越大屿山的缆车，香港便褪尽了浮华。缆车缓缓而行，"天堑变通途"。林立的楼宇消隐了，蒸腾的市声寂灭了，窒息的拥挤舒畅了……

大海，倏然辽阔。我终于明白，何谓"一眼望不到边"。极目四望，尽是深沉的蓝波。远远近近的岛屿，素面朝天，流露出裸浴少女般的娇羞。沐浴过数日暴雨的天空，艳阳高悬。怒放的白云，婀娜的倒影，点染于万顷碧波之上。海天交接之处，紫霞蒸腾。——那是传说中的紫霞！我曾经在金庸的武侠小说中想象过，也曾在周星驰的影片中神思过。

高高的大屿山山巅，云雾似白纱飘拂，山和天就这样融为一体。海风飒飒，轻描出"风起云涌"的气势；山风徐徐，淡写出"云卷云舒"的意境。晶莹的小溪、玲珑的瀑布，于大山的褶皱间低吟浅唱……

缆车里的我们，竭力从四面八方远眺近观仰望俯瞰，只能频频发出"太棒了""太美了"的惊叹。陶靖、吴娅琴和马国红三位美女端着专业相机，颇为专业地狂拍。帅哥陈启豪，静若处子，脸上始终挂着安静的笑容。事实上，这并不狭窄的缆车里拥挤着每个人没遮没拦的笑容，也许只有尖叫才能表达感官的震撼。兴许是大家都过了而立之年的缘故，好像没有谁忘情尖叫。淑女马国洪不可能尖叫，平和、恬然的陶靖不可能尖叫，安静得"楚楚堪怜"的陈启豪不可能尖叫。最有可能尖叫的吴娅琴，一半是天使，一半是魔鬼的吴娅琴，嘻嘻哈哈但写诗却忧伤至骨髓的吴娅琴，似乎忘记了尖叫。从不曾"年少轻狂"的我，自然再一次压抑了尖叫的欲望。

非常遗憾，40分钟的行程，我们只能与大屿山眉来眼去，擦肩而过。高远、悠长的缆绳，如同分离牛郎织女的天河。收容我们的缆车，形若洪水之后的方舟。荡漾于这山与海做成的襁褓里，我仍觉有丝丝悲凉。大屿山旷世的美丽和肃穆，我们只能"远观而不可亵玩焉"。我们无法张开双臂与其忘情拥抱，更无缘感受其仙界般的风骨，甚至嗅不到其慰灵安魂的一丝鼻息。

大屿山，不解风情！不！不！不！是的，我们不过是一厢情愿的过客，怀抱着葱郁的单相思强装欢颜从其身旁匆匆而过。我们不过是滚滚红尘中的污流俗辈，甚至不配感受其居高临下的睥睨……

还好，骄阳炙烤之下淡定、从容的天坛金佛，抚慰了拂掠过我心头的一丝云翳。我和吴娅琴在金佛足下纵情跳跃的剪影，定格在陶靖和马国红慷慨的镜头中。还有，佛光餐厅里的素斋午餐，余香缭绕至今。

2

午后，我们挥别金佛，乘巴士抵达大澳码头。这巴掌大的码头，似可以怀抱。或许是周三的缘故，码头上游客稀落，似只有我们一行五人。

几艘简易的游艇，无聊地泊在波光粼粼的海湾，等候远道而来的游客。黧黑的渔妇，头戴热带做苦力的妇女常用的斗笠，招呼我们上船游览。我很想知道，她是否会惊讶陶靖、吴娅琴、马国红和陈启豪的白皙？

冲浪和观白海豚，只需 20 元 / 人，确实便宜得令我大呼意外。坐在起起落落摇摇摆摆的游艇里，第一次与大海亲密接触，我只能寄望于他年之后，能否自造一个词，以形容此时我每一个毛孔的初体验。

驾船的中年汉子，矮而敦实的身板，古铜色的肌肤，在阳光下油光铮亮。这样的形容很难在繁华的香港市区撞见。陈启豪作为土生土长的香港人，他说船夫的香港话他听起来也有点吃力。我想，这船夫应该才是所谓原汁原味的香港人。我自然就想起了海明威《老人与海》中孤独的渔夫桑地亚哥。与桑地亚哥不同的是，此船夫脸上没有愁苦，却挂着笑容。天天月月年年，浸泡在风里日里浪里，迎来送往匆匆游客。职业的惰性和审美疲劳，自然会磨平生动的表情。而他，面庞上居然还绽放着透亮的笑容，眼睛里还荡漾着宛若第一次的喜悦。

游艇劈波斩浪，风驰电掣。呼啸的海风，澎湃的潮流，兴奋的惊呼……所有的纠结与抑郁，此时此刻全都随浪花消散。忘记了家庭的琐屑，忘记了工作的烦忧，忘记了形影不离的孤独，忘记了天涯隔阻的亲情，忘记了萍水相逢的友情，忘记了欲说还休的爱情，忘记了所有不该忘记的点点滴滴……只余兴奋，只余当下忘情的瞬间。

"看，海豚！是海豚！"

"啊！看见了！"

"啊！太棒了！"

游艇里惊呼一片，暂时盖过了咆哮的风浪。我万万没有料到，船夫居然也同我们一般亢奋。陶靖、吴娅琴和马国红赶紧端起相机抓拍。船夫放慢了船速，一任游艇随波逐流。白海豚三五成群在游艇周围时隐时现，间或将珠圆玉润的身子飞离于水面。隐约能听见它们欢乐的笑声，它们似乎懂得我们的观看，时而全裸出镜，时而"犹抱琵琶半遮面"，时而"潜伏"于滚滚波涛之下。

船夫不愧是弄潮好手，娴熟地驾驶游艇追逐白海豚的行踪。

陶靖和马国红的镇静与专注此时得到了丰厚的回报，她们居然清晰地抓拍到了白海豚跃出水面的辉煌瞬间。吴娅琴为此羡慕哀叹交加。

很快，传说中的棚屋就出现在眼前。

岸边，一排排简陋的木屋蓬头垢面簇拥着，肩并肩，手挽手，甚至鼻子顶着鼻子，嘴巴碰着嘴巴。一根根扎根于淤泥中的柱子支撑着风雨飘摇的屋子，似湘西著名的吊脚楼。那些陈年的柱子上，镶嵌着寄居的蚌壳贝类。潮水正在消退，裸露出污浊的淤泥和生活废弃物。随意晾晒的鱼虾和衣服（包括隐秘的内衣），组合成一幅典型的"贫民窟"景观。

只需一眼，我便大失所望。

我想象中的棚屋，如诗如画，应是培育艺术灵感和绝世爱情的摇篮。

还好，看见了传说中的白海豚，我默默地自我宽慰。

3

作别船夫，弃船上岸。

慵懒的午后，骄阳依旧热情得吓人。漫步于随心所欲弯弯曲曲的街市，浓烈的鱼腥味亲昵地将我们褪袒。简朴的店铺，肆意勾肩搭背，如少小无猜的伙伴。没有喧嚣的市声，但各种海产品琳琅满目，热闹中写意着宁静和安详。或因游客稀少之故，做生意的人们躲在店面某一幽僻角落，难得"偷得浮生半日闲"，确有"姜太公钓鱼"之态。

透过敞开的房门，可窥见居民们的家居陈色。低矮的屋顶，随意摆放的家具，将有限的陆上生存空间拥塞得几乎透不过气。阳台上杂乱而葱郁的花草，寂寞地泄露了主人不老的情趣。偶见某位在阳台上进出的赤脚老妇，忙碌的身影渲染着大澳朴拙的市井气息。

行走在街巷里，我们自然就放慢了脚步，各自流连心仪的精彩。

我先前的失望，随慵懒的脚步悄然远遁。恍惚间，似重返童年时生活过的那个古镇，仿佛看见儿时的我光着脚丫蹲在某个拐角喂蚂蚁，依稀听见了我妈喊我回家吃饭的声音……

辉煌的尖沙咀于我依旧陌生，美丽的大屿山于我依旧陌生，唯有这大澳蓬头垢面的街市与我一见钟情。我这才意识到，大屿山不过是开胃小菜，白海豚的出现不过是餐前靓汤。现在，我开始享用一道道妥帖心魂的私房菜。

12年的乡村记忆，奠定了我生命的底色。12岁那年我告别乡村，扑腾于一个个陌生的城市。我似乎早已完全城市化，但，我生命的乡村底色在岁月的潮汐里越发闪亮。虽尚能在大都市里如鱼得水，但我至今与城市仍未有过发肤相亲的缠绵。多年来我不过是伪装了对城市的爱情，我愧对城市的怀抱！只有在远离喧嚣远离浮华之后，我才能彻底放松，才能彻底回到挥洒自如的本真状态。所谓"江山易改，禀性难移"，如是。

信马由缰，闲庭信步，仿若"少小离家老大回"。有一种欲罢不能的幻觉：大澳古朴的深巷里有我曾经走失的家园。五官的所有功能顿时启动，全方卫感受大澳街巷的细枝末节，感受村庄固有的淳朴、宁静和悠闲，感受渔村无为无欲的超然——

我想和邻家慈祥的阿婆打招呼，我想听她叫我"健娃儿"；我想和邻家乖巧、羞怯的小妹打招呼，我想带她去看山外的世界；我想和邻家忠厚的大哥打招呼，他曾吓跑一群欺负我的坏小子；我想和闲逛在街巷里或冲着墙角撒尿的土狗打招呼，不管我走多久走多远它都能嗅出我身上的家人气息；我想和趴在屋顶上伸着懒腰的猫咪打招呼，尽管它不喜欢和儿时的我玩耍；我想和挂在院门口的葫芦瓜打招呼，它是我识数的原始学习用具；我想和斜坡上虬枝盘旋遮天蔽日的榕树打招呼，我想揪扯着它长长的胡须攀寻沁人心脾的童谣；我想和关帝庙里的神祇打招呼，他们也曾装饰过我童年奇异的梦乡；我想和院门上发黄的门神和生锈的门环打招呼，它们曾指引绝望的我星夜回家；我想和墙根下的倒牵牛婆婆丁苦艾蒿草们打招呼，它们曾茂盛过我情窦初开的少年情怀……

陶靖为我拍"背着背包寻觅"的背影，我感动她与我的不谋而合。一位老人与我们搭话。他有花白的头发，古铜色的肤色，整齐的牙齿，肃穆的表情。他手里的拐杖泄露了他年事已高。土生土长的香港人陈启豪与老人攀谈，老人说他85岁了，想带我们在街市里走走。他给我们看他的渔民证，表明他不是坏人。通过"翻译"陈启豪搭桥，我和老人站在夕晖斜照的街市里留影。我听懂了他说"没所谓的"。

"……我家三代100多年前就住在这里。小时候我们时常步行3个半小时去东涌镇观看神戏……我的孩子们大多离开了大澳，去城市里工作。我打了一辈子的鱼……现在鱼越来越少了，也卖不了多少钱，年轻人几乎都不打鱼了。大澳就剩下五艘捕虾船了……"陈启豪转述老人的闲聊。

我说："陈启豪，你问问老伯伯，二十世纪七八十年代之前他是否知道深圳？"我知道我非常八卦。老人说他不知道。我并不惊讶。我倒是想起了陶渊明的《桃花源记》。大澳被大屿山阻隔，确系香港的"世外桃源"。一个祖祖辈辈以捕鱼为生的渔民，大海才是他生生世世的情人。去一趟东涌都得步行3个半小时，他怎知"千里迢迢"的深圳？

"人老先老腿"，尽管老人的容颜仍未显龙钟之态，但他仍需借助拐杖代步。跟随老人并不蹒跚的脚步，我们不再如散放的家禽误打乱撞。进入一家临海的酒吧。我们的"管家"陶靖发号，"邀请大爷和我们一起坐坐"。大爷爽快应邀。我们围坐在一起，听他继续讲述大澳的前世今生。

这是一家典型的棚屋酒吧。地板之下，是太平洋的此岸。透过缝隙，能清晰地看见细小的鱼虾在浅水洼里玩耍。对面是一排排孪生的棚屋，可以窥视居民们进进出出的身影。夹在两排棚屋之间的是一条状如河流的海湾，游艇载着游客新奇的眼神流连在我们的注目之下。不远处，一大片孤傲的石头山阻挡了大澳北望的目光，大澳只能别无选择面朝大海。

突然想起了八号风球。当台风来临，这简陋的棚屋如何能抵御大海的歇斯底里？我若有所悟：棚屋的低矮是抵御风暴的逃生姿态，棚屋的蓬头垢面全拜无情的风雨所赐。在极端恶劣的自然环境中，能顽强地活下来便是强者。先前我所想象的"艺术灵感和绝世爱情"，不过是无聊文人的附庸风雅。事实上，棚屋是最能体现底层劳动者精神和意志的朴拙艺术，是未加雕饰的原生态绘画。

这小小的吊脚楼酒吧客人稀少，形似父女的酒吧主人没有显露出虚假的热情，他们微笑着不慌不忙地忙碌。我们约莫坐了五分钟，那女儿模样的女孩才羞怯地微笑着近前接待，她的清纯与胆怯好似初次面对一群高高在上的主人。那父亲模样的男子微笑着托着杯碟，脚步和声音都很轻。他开瓶的动作很斯文，将酒瓶放在你面前也极小心翼翼。清瘦的面庞上微笑浅浅，清清爽爽。25元/瓶的BLUEGIRL啤酒确实非常便宜，这可是在香港，这可是在旅游之都。商业气息太浓的风景名胜时常令人大倒胃口，没有沾染多少商业气息的大澳令我刮目相看，确有"宾至如归"之感。

老人没有与我们共饮。据我了解，干苦力者大多好酒贪杯。我不知道渔民是否有喝酒的习惯，也许他年老力衰不胜酒力，也许他不愿让我们误会他贪图这杯酒之便宜。少许的遗憾过后，我由衷敬佩这位表情肃穆的老渔民。他很像我那曾穷苦不堪的父亲，即使在饥渴交迫之时亦能保持面对食物诱惑的尊严。

"人老了，孤独，他可能想找人说说话。"陈启豪低声对我说。我惊讶于陈启豪对老人毛遂自荐为我们做导游之举的解读，只能拼命压抑住心底里滋生的那种不敢告人的龌龊想法。

走出酒吧，我们跟随老人继续在深巷里消磨。老人间或提醒我们"不要走重复路"。陶靖和马国红在我前面窃窃私语，我猜想她们一定在探讨老人何故引导我们。我最终没能控制住内心的魔鬼，忍不住小声问马国红："那老大爷会向我们要导游费吗？我这种想法是不是太龌龊了？"

"你这种想法应该是人之常情……我和陶靖也讨论了，如果他真的要，我们也愿意给，不容易啊！"马国红微笑甜美。

我总算为自己龌龊的想法找到了一些"正常"的理由。

夕阳如血。此时的大澳妩媚多姿。担心老人身体吃不消，我们和他告别。老人没有向我们要导游费！我真的很羞愧！多年来我走南闯北，时常被当地人欺愚，甚至遭讹诈。我已经很难相信这世上还有无缘无故萍水相逢的情谊了。事实上，久居都市的人们，除了自己，几乎没什么可相信的了。试问，都市里的红男绿女，有几人还相信"死生契阔"的友情和爱情？大爷，我其实心甘情愿想给您导游费的。可我知道，那是对您质朴人性的玷污。大爷，请接受龌龊的我纯洁的歉意吧。"世风日下，人心不古"，说的就是我这样的市井俗流呵！

我们走向长堤，万长霞光，万顷柔波，消融了我满心的歉疚。传说中的大澳日落，令无数游客"竞折腰"的大澳日落，华丽现身。长堤往南，是浩瀚的太平洋。阳光，洗尽铅华，温柔款款，似慈母。在落日余晖温情的抚慰下，大海波澜不惊，粼粼柔波似恋人迷离的眼神。彩霞漫天，为这华美的约会增添了绚烂的背景。如同日出，日落亦发生在瞬间。与其说是看日落，不如说是释放一种心情，寻找一种自然不羁的心境。一对恋人在夕晖里相拥的身影，点染了这不可言说的美景。

岸边，收网的渔民，以及几个精赤身子相互追逐着跑向庭院的孩子，提醒我们该回家了。

回家。我的家，在何方？

精彩
——赏析——

大澳岛是香港著名的渔村，风情独特，有"香港威尼斯"之誉，也难怪作者会如此流连忘返，并留下优美的文字。本文的结构从整体上看采用的是"总——分"法，开篇总写对香港这座海岛城市的向往，之后作者分三节写了在大屿山、大澳码头、大澳街市度过的难忘时光，移步换景，条理清晰。文章不是单纯地写景，在描写景物的同时，作者还加入了对过往、对人生的追问和反思，增加了文章的深度。最后作者着重写了一位老人免费为他们领路的过程，讴歌了老人质朴的品性，笔调充满温情，让人不禁为之动容。

———————————

星夜大帽山

💮心灵寄语

　　海天一色，大海从容而平静。不同季节的大帽山魅力依旧，不管是白天，还是夜晚，都有不同的精彩画面让你去捕捉。

　　黑夜，催促、提醒人们回家，卸除白日的劳顿。然而，对于一部分都市人来说，夜晚才是一天精彩生活的开始。"越夜越精彩"，就是香港这座不夜之都的诡谲华�。

　　我钟情于黑夜，多年前曾写过一篇关于黑夜的散文《生命在黑夜里绽放》。当黑夜落下帷幕，白日的喧嚣与匆忙隐匿于幕后，如同徐徐袅绕的安魂曲初起，身心慢慢复归宁静、安闲，情绪回归正常水位，思绪渐渐明朗、幽远。厚重的窗帘，谢绝了都市的喧腾和霓虹灯乜斜的眸子。于我来说，在橘黄的台灯下若能邂逅沁人心脾的文字，不啻为奢侈的恩典。若逢雨声淅沥，雪花嘶嘶，抑或风狂雨骤，更能催生用文字窥视、描摹自己的激情与才华。

　　大都市辉煌的霓虹灯影，曾令我惊叹、迷离和绝望。多年来我偏执地认定，都市之夜鲜有富含质感的美感。即或璀璨熠熠，终无法遮掩斧凿和矫揉。我倒是迷恋一种都市特有的风景——夜归。每当撞见行色匆匆的夜归人，心头骤暖。于星罗棋布的路线中，沿那条早已走入血液和灵魂的道路，回家。于密密麻麻重重叠叠的万家灯火之中，皈依于那盏属于自己的灯火。可以断言，每一个行色匆匆的夜归者，一定拥有或曾经拥有关于家的温暖记忆。

我在香港浸会大学的课大多安排在晚上，每当深夜讲完课，我别无选择成为夜归者。漂浮在尖沙咀赫德道的霓虹灯河里，我时常麻木、漠然。偶尔会随惯性加快疲惫的脚步，突然意识到这里没有唤我回家的灯影，便油然顾影自怜。

公派日程临近尾声，归期在即。学生和朋友们频频邀约，夜宴饯别，放歌豪饮，滚烫的祝福、不舍的眼神、炽热的握手……香港之夜于我不再冷漠、孤绝。

谢师宴结束，已是深夜 11 时。无法去深圳湾口岸过关返回深圳，好友黄兄邀我留宿他家。破例首次于深夜造访，只为他内敛的真诚和热忱，还有作为朋友的灵犀。

"如果你不累，我带你去大帽山上转转？"他说。"我想，你会喜欢的。你好像不喜欢城市的繁华……我的一些来自内地的朋友，更愿意去尖沙咀、旺角、铜锣湾……"

他的家背靠大帽山，面朝大海。11 点，对于香港人来说，夜晚才刚刚开始。

那日登临太平山，在 PEARL 餐厅享用美食和华丽的香港夜景。太平山虽为山，已失却了作为山的本色，完全都市化了。因此，来香港近一年了，我未曾置身某僻静角落窥看香港浮华的夜景。于是，我欣然应允。

山路狭窄、曲折，道路两旁没有路灯，人车自然罕见。夜色终于有了"沉沉""茫茫"的感觉，黄兄小心翼翼驾车。偶尔遇见一辆下山的私家车，会车便极为困难。倘若没有娴熟的驾车技艺，只能进退维谷了。轿车骑着道路中间的白线小心爬行，有"欺山不欺水"的民谚壮胆，加上黄兄的沉稳、持重，我便心安理得饕餮这一路日渐原始、朴拙的景致。市区辉煌的灯火在远处恣肆汪洋，被车辙碾破的夜色瞬间便在我们身后愈合了伤口。车灯辐射不到的十米之外，是深不可测的黑夜之"黑"，以及漫山遍野乏人问津的丛林，还有无数辨不清的深沟浅壑。似乎只是在眨眼之间，我们便从现代返回了原始。

久居城市的我们，事实上早已忘记了夜之本色。不夜之都的夜晚，不过是另一个白天——人造灯光炮制出浮肿的"白昼"。我醉心的夜色记忆，依然停留在 19 岁那年八月的某个月夜——和少年知己李仕军躺在我家屋后的山梁上彻夜畅谈。群山静穆，月华如泻。正是"九万里风鹏正举"的年龄，高考结束，面对襁褓过我们的群山抒发凌云壮志，坦诚各自倾慕已久却不敢追求的豆蔻女孩，信誓旦旦"海内存知己，天涯若比邻"……

那夜之后，我们分道扬镳，西去北往，彻底走出了大山，走进了梦想的大都市，找寻各自的精彩。殊不知，我青涩、葱郁的少年情怀却永远徘徊在那月华如水的夏夜。长大成人后的我们是如何疏离了，也许只能问责于变幻的时空。若干年后，我们不期在某星级酒店重逢，自然便谈及各自历经的红尘俗世。他似乎难以适应我作为"书生"的正统与单调，而我不习惯他作为老板的浮躁。然而，一旦返回那年月夜，我们便同时复苏了情同手足的温润。

今夜，萍水相逢的黄兄引领我返回这他乡夜色之襁褓，我恍若遇见了失落多年的少年知己。这恍如隔世的心领神会，尽在不言。

迎面看见一位头戴探照灯，背着背包，扛着三脚架的孤身女子，车内的我惊讶得仿佛撞见了"倩女幽魂"。

"香港的治安好，一般来说没什么危险。每次我一过罗湖，就感觉心理不踏实。她可能在挑战自己承受恐惧的心理极限，很多香港人都有都市心理疾病……"黄兄语气依旧平缓、淡然。

我判断她乃摄影发烧友，如此孤绝地行走在荒无人烟的盘山路上，只为她心仪的夜景。那需要怎样的艺术情怀和生活激情？很想下车和她打个招呼，唯恐惊扰她特立独行的意境，我最终平息了心湖的涟漪。

突然闻见了久违的牛粪味，清新、熟悉。某年，我去内蒙古大草原旅游，一进牧区，刺鼻的牲畜味令我作呕。而同行的蒙古族作家朋友说，他一闻见那种味便心脾舒坦。此时，我便找到了他所谓"心脾舒坦"的那种感觉。无论是在大巴山的丛林深处，还是在川北的红丘陵坡坎，那些曾陪伴我孤单童年的牛们的气味在此重现，我立即直起身子朝四周搜寻。黄兄放慢了车速。

在山路两旁的平地上，簇拥着一群散放的牛。它们并不害怕车辆和灯光，兀自静立在夜色中反刍。不知它们是否会想起走进市区定居的主人，还有那被主人遗弃的乡村老屋？乡村被城市化后，许多农民不再耕种土地，农民们不忍屠杀或贩卖这些曾经功劳赫赫的耕牛，就将它们放归山林自生自灭。在西贡、大屿山等地，都很容易碰见这些日渐野化的黄牛。没有天敌的它们，是否会成为若干年后破坏香港自然生态的罪魁？我有下车与牛们亲近的冲动，但一直生活在都市里的黄兄，对牛似有一种不可名状的恐惧。我忘记告诉他，耕牛大多温驯得如同宠物。小时候我曾攀着水牛的犄角和尾巴学游泳，还骑过并不适合骑坐的黄牛。骑牛看连环画、侠义小说或吹奏自制的竹笛的儿时的我，穿过30年时光隧道，在今夜的香港与我不期而遇。当然，那些陪伴我蹉跎童年岁月的牛们，早已化为尘埃！

我们在山上平坦处泊车。高高的大帽山顶，确如一顶硕大无朋的帽子。第一个为其命名的农夫，一定在烈日之下忘记了戴草帽。当他抬头看见山顶时，自然便喊出了"大帽山"这几个音节。先人们对万事万物的命名，或许就是这么简单和智慧。走出车厢，立即进入了一个全新的世界。周围停放着几辆私家车，一些摄影发烧友散落各个角落，三两对朋友或情侣在夜色中闲聊。头顶，长空低垂、满天繁星。

"在市区是很难看见星斗的。"黄兄说。19岁那年离开故乡后，我只见过一次星斗，是在北京昌平某假日酒店的屋顶花园里。那个夏夜，我们在星光之下喝扎啤，直到夜露沾湿的凌晨3点。一位年逾六旬的先生竟然"聊发少年狂"，面对燕郊空旷的原野和星空狂歌不绝。他有着经典的男中音，一曲《滚滚长江东逝水》唱得满座文人墨客泪水潸然。

远处是荃湾辉煌的灯火，山那边是深圳同样辉煌的灯火，但它们皆无法遮蔽大帽山上空素面朝天的星辉。"星垂平野阔，月涌大江流。"老杜的诗句跳脱而出。即或飞往或飞离东涌的飞机频频骚扰，依然无法破坏这星辉掩映之下的静谧与安详。上山的车辆鸣笛驱赶挡道的牛群，牛们沉闷的几声呼唤依旧撕不碎这无边的夜色。这里太安静了，在这里说话是那么轻松，仿佛声带突然被赋予了磁性和穿透力。"不敢高声语，恐惊天上人。"此时此刻，我方才了悟其之真意。频频转身，极目四望，身心早已自由徜徉。可叹的是，本有万千感叹充塞心胸，下笔时却难成一语。

我们沿着小路散步，没带手电，只能借着微明的星光探路。

路旁萤火虫忽明忽暗，似幽怨的鬼魅。蛙鸣远近起伏，虫子们还在呢喃唧啾，水流潺潺若金石之声。远远近近的树们站立成奇异的魔影。峰回路转，小径似没完没了……

黄兄说瘆得慌，我们便返回。其实，我很想告诉黄兄，15 岁那年我步行 80 里这样的山路，独自从县城中学返回乡下，沿途不知走过了多少座幽暗的坟冢。

我频频回首，流连忘返。不得不离开，什么都带不走。索性义无反顾，随黄兄驱车下山。

大帽山，今夜一别，或许不能再见。我肯定会想起你，在北国的夏夜，或者风雪夜归时……

精彩赏析

这篇文章写的是香港最高峰——大帽山。作者首先叙述了夜访大帽山的缘由及自己对黑夜的情有独钟，为下文作者的触景生情做铺垫。上山路上，原始、朴拙的景致让作者寻回了心灵的底色；他们还遇到了一位满怀艺术情怀和生活激情的女子，文中字里行间流露出对该女子的敬佩。"远处是荃湾辉煌的灯火，山那边是深圳同样辉煌的灯火，但它们皆无法遮蔽大帽山上空素面朝天的星辉。"本句是文章的点睛之笔，表现出作者对大自然的敬畏和热爱。全文虚实结合，详略得当，段落之间衔接自然，对大帽山景物的描写，让文章更加完整、真实。

后　记

偷偷摸摸爱上阅读

张国龙

我自主阅读生涯的起点，大概可以追溯到 1980 年，我上小学三年级。

12 岁之前，我生活在四川北部的一个小山村里。村子里有一所由寺庙改建的小学校，我在那里读完了小学。及至上了初中，我才知道还有"图书室"和"课外阅读"。庆幸的是，我在小学时期居然偷偷摸摸爱上了课外阅读。

那些年，我特别期待每学期开学发新书。捧着新书，爱不释手。把鼻子伸进书里，贪婪地吸溜油墨的馨香。来不及等老师教，三两天就把《语文》和《常识》读完了。文字和插图给了我无限的遐想，我的想象第一次飞出了那个名叫"龙井"的小山村。家里没有书，老师那里也没有课外书。我的读书欲望风起云涌，只好借哥哥姐姐们的教科书，但是，他们坚决拒绝，理由是"你读不懂"或"你会

202

把我的书弄脏了"。只能等他们不在家，或者睡着了，偷偷摸摸打开他们的书包，躲在我家吊脚楼上提心吊胆地读。很快，偷读完了他们的书。我的阅读欲望不但没有得到满足，阅读胃口反而大开。家里实在是找不到书可读了，我只能把目光转向家外。

距离我家8里远的老林镇，有一家新华书店。橱窗里摆满了花花绿绿的书，四周的墙壁上还挂满了色彩斑斓的画报。如果是节假日逢集，我一定会偷偷摸摸跑到镇上，偷偷摸摸溜进书店，蹲在角落里，贴着玻璃橱窗，目不转睛看那些封面，默念封面上的字。不认识繁体字，居然把"雾都重慶"读成"雾都重度"。顾客少的时候，那个卖书的姐姐不会轰赶我。顾客盈门，她会笑嘻嘻地说："小弟弟先出去下，等人少了再进来看。"偶尔，她会递给我一本封面残破或者缺页的小人书，"好书可不能给你读，弄脏了就没人买"。然而，她那里的残次品图书并不多，还是无法满足我的阅读欲望。

我开始偷偷摸摸攒钱，偶尔攥着钱哆哆嗦嗦问："姐姐，哪本书最便宜？我只有1毛钱。"姐姐会打折卖我一本，当然是封面破了，或者漏了页码什么的。能拥有一本书，是否残破并不要紧。而且，我总算有了可以和别人交换图书的资本了。村里，还有几个喜欢读书的小伙伴。放牛或割草的时候，他们躲在树下或草丛间偷偷地读。生怕别人知道了，自家的宝贝哪肯借给别人，除非交换。

攒钱买打折的残破书只能是偶尔为之，毕竟，攒够钱的机会少之又少。最实际的，就是租书看。镇邮局蹲在一处偏崖上，沿石级而上，转角处，有人把各种各样的书挂在墙壁上出租。只能现场看，不能借走。小人书，1分钱一本。厚一点的，2分钱一本。只要你交了钱，一本小人书可以读到租书人收摊。租小人书看的，居然还有不少大人。《杨家将》只有8本，攒够8分钱还算容易。《三国演义》有40多本，无论如何也是攒不够那么多钱的。偶尔，和小伙伴两人合租一本书，一起看。可是，共读一本书，太不过瘾了。

上初中之前，我的理想是：长大了当一个图书售货员。因为可以随便读书，而且不花钱。

就这样，我偷偷摸摸爱上了阅读。我想，如果没有阅读，一定不会有今天的我。如果我不再阅读，一定不会有更好的我。

★试卷作家预测演练★

【预测演练一】

1. 为下文和一只流浪猫的相处做铺垫。（3分）

2. ①我们的相遇没有约定，全凭邂逅。②我们会像朋友相见彼此打招呼。③"我"来凉亭，黑猫就趴在"我"的脚边陪伴。④"我"离开凉亭，它便回浓荫王国，绝不纠缠。（4分）

3. 拟人　生动形象地写出了黑猫骄傲、自信、满足的样子，充分表达了"我"对黑猫的赞赏、认可和喜爱。（3分）

4. "我"一个人在异乡生活，身边没有亲人和朋友，和这只流浪猫有"同病相怜"的感觉，因此能体会到猫的孤单。每天见一面，小坐一会，互相陪伴，以获得心灵上的慰藉。（3分）

【预测演练二】

1. 文章运用了对比的修辞手法，通过描写香港的气候特点来突出北京的干燥、缺少雨水，进一步强调北京的气候特点。（3分）

2. 荒草是自由的、顽强的，不守规矩的。城市是繁忙的、有条理的；荒草有很大的包容性，包容动物、植物，还有人类。城市基本是人类活动的地方；荒草是宁静的，城市是喧嚣的。（4分）

3.将城市、钢筋、水泥人格化，通过拟人形象地写出了城市扩张的力度，表达了作者对城市过度"侵占"自然的不满。（4分）

4.【示例】人类不应一味地建造城市、满足种种要求，不应忽略、漠视荒草、旷野，而应善待它们，与其和谐相处。城市与荒草不能彼此对峙，人类与自然本在一个地球，人类应尊重、爱护自然，有计划、可持续地开发自然，让自然更好地为人类服务。（5分）

【预测演练三】

1.D（4分）

2.它们是坚毅、勤奋的邻居，灵动活泼、聒噪扑腾，活得自由自在、放肆欢腾。（4分）

3.因为麻雀的声音里充满了生活化，它们的声音是和谐、宁静和安闲的。（3分）

4.【示例】人类能与鸟儿为邻便可享受自然的风光与音乐；人与动物和谐相处，才能提高生活质量；因为有了鸟儿的存在，人类才能生活得丰富多彩。（4分）

一 试卷上的作家 —

初中生美文读本

序　号	作　者	作　品
1	安　宁	一只蚂蚁爬过春天
2	安武林	安徒生的孤独
3	曹　旭	有温度的生活
4	林　夕	从身边最近的地方寻找快乐
5	简　默	指尖花田
6	乔　叶	鲜花课
7	吴　然	白水台看云
8	叶倾城	用三十年等我自己长大
9	张国龙	一里路需要走多久
10	张丽钧	心壤之上，万亩花开

高中生美文读本

序　号	作　者	作　品
1	韩小蕙	目标始终如一
2	林　彦	星星还在北方
3	刘庆邦	端　灯
4	刘心武	起点之美
5	梅　洁	楼兰的忧郁
6	裘山山	相亲相爱的水
7	王兆胜	阳光心房
8	辛　茜	鸟儿细语
9	杨海蒂	杂花生树
10	尹传红	由雪引发的科学实验
11	朱　鸿	高考作文的命题与散文写作